城市市政设施养护与维修系列丛书

城市轨道养护与维修

主 编 张 君 陈 锦 王云江
主 审 张海东

中国建材工业出版社

图书在版编目（CIP）数据

城市轨道养护与维修/张君，陈锦，王云江主编．
—北京：中国建材工业出版社，2019.1（2024.3重印）
（城市市政设施养护与维修系列丛书）
ISBN 978-7-5160-2464-5

Ⅰ.①城… Ⅱ.①张… ②陈…③王… Ⅲ.①城市铁路—轨道（铁路）—铁路养护 Ⅳ.①U239.5②U213.2

中国版本图书馆 CIP 数据核字（2018）第 269850 号

内 容 简 介

本书系统地介绍了城市轨道交通结构养护与维修技术，共分为 6 章，主要内容包括：结构巡检、结构临时性查看维修、结构日常维修、突发结构故障处置方案、养护安全保证措施、信息化管理措施。本书内容实用、系统、新颖，注重理论结合实际，并有针对性、实用性和可操作性，具有较强的指导作用和参考价值。

本书可供城市轨道交通养护维修与管理人员学习和参考，也可作为城市轨道交通专业的教学用书。

城市轨道养护与维修
主编 张 君 陈 锦 王云江

出版发行：	中国建材工业出版社
地　　址：	北京市海淀区三里河路 11 号
邮　　编：	100831
经　　销：	全国各地新华书店
印　　刷：	北京雁林吉兆印刷有限公司
开　　本：	850mm×1168mm　1/32
印　　张：	4.75
字　　数：	110 千字
版　　次：	2019 年 1 月第 1 版
印　　次：	2024 年 3 月第 2 次
定　　价：	**36.00 元**

本社网址：www.jccbs.com，微信公众号：zgjcgycbs
请选用正版图书，采购、销售盗版图书属违法行为
版权专有，盗版必究。本社法律顾问：北京天驰君泰律师事务所，张杰律师
举报信箱：zhangjie@tiantailaw.com　　举报电话：(010) 57811389
本书如有印装质量问题，由我社事业发展中心负责调换，联系电话：(010) 57811387

《城市市政设施养护与维修系列丛书》编写委员会

顾　问：王云江
主　任：张海东
副主任：田章华　徐会忠　张文俊　王伟栋
　　　　汪成森　张　君
委　员：（按姓氏笔画排序）
　　　　方黎刚　朱哲飞　朱家盛　刘永飞
　　　　刘建华　许铁柱　陈　欣　罗　赟
　　　　周晓亚　赵庆礼　崔红星　章怡人
　　　　董其森　程鑫远　缪　祺

《城市市政设施养护与维修系列丛书
——城市轨道养护与维修》
编委会

主　审：张海东
主　编：张　君　陈　锦　王云江
副主编：翁国伟　金　军　龚忠键　王黎明
参　编：（按姓氏笔画排序）

兰叶军　吕存孝　朱哲飞　许铁柱
孙　敏　朱　祺　李　杰　李　欣
陈　欣　陈　特　俞叶青　夏泽民
斌　峰　韩振灵

编写单位：杭州市路桥集团股份有限公司

序

近年来我国城市道路、城市桥梁、城市管道、城市轨道与城市隧道建设发展迅速，未来几年建设任务更繁重。针对道路、桥梁、管道、轨道及隧道等使用时间的延长，交通量及轴重增大、气候环境恶化等因素影响，路面不同程度出现开裂，桥梁、管道破损等严重影响车辆的正常通行与安全。

为了延长道路、桥梁等基础设施的使用年限并保障其畅通，确保其服务水平与安全，我们必须本着"建养并重、以养为主、预防为主、防治结合"的原则，采取有效的养护措施。确保使用安全和服务水平是养护工作的核心，且具有十分重要的意义。

多年来，杭州市路桥集团股份有限公司致力于城市道路、城市桥梁、城市管道、城市轨道与城市隧道的养护维修技术，为提高养护工作效益，减少养护安全投入，持续开展了道路、桥梁养护技术方面的研究，研发了一些新技术、新材料与新工艺，积累了丰富的经验。为了提高养护和维修的管理水平，保证基础设施的质量与安全，同时也便于现场一线技术和管理人员的学习与使用，特编写了这套《城市市政设施养护与维修系列丛书》。本系列丛书主要包括：

（1）《城市道路养护与维修》

（2）《城市桥梁养护与维修》

（3）《城市管道养护与维修》

（4）《城市轨道养护与维修》

（5）《城市隧道养护与维修》

(6)《城市河道养护与维修》

本系列丛书力求内容详实、系统、新颖、实用，紧贴市政工程、养护维修一线的实际情况，突出实际应用。通过阅读本系列丛书，可以使养护维修技术在实际施工中切实地加以落实，并促进同仁间的学习交流。

王云江

2018 年 8 月

前　　言

自 20 世纪 50 年代我国开始筹备地铁建设至今，城市轨道交通建设已经历了 50 多年的发展历程。近十年来，随着我国城市化进程的不断加快，轨道交通工程建设更是进入了黄金发展期。随之而来的是对地铁结构养护与维修工作的全面推进。有道是："三分建，七分养"。合理、全面地开展结构的养护维修，不仅可以保障设施的正常运行，还能够有效地延长结构使用寿命和大修周期，降低大修费用，这对轨道交通工程的长久发展有着至关重要的意义。

目前，我国从事城市轨道交通工程养护与维修的企业众多，从业人员数量巨大，但现有的作业规范尚不完整，指导性用书较为分散，缺少对作业要求与处置方法系统、完善的梳理，给养护工作带来了许多困难。杭州市路桥集团股份有限公司从事城市轨道交通工程的结构养护与维修多年，有着一定的生产实践经验。笔者以实践为基础，尝试从轨道交通工程的检查与维修、突发结构故障处置、安全措施、信息化管理等方面，系统整理并介绍具体的技术与管理内容，希望能够帮助读者解决若干实际问题。

全书内容实用、系统、新颖，注重理论结合实际，并有针对性、实用性和可操作性，具有较强的指导作用和参考价值。本书可供城市轨道交通养护、维修与管理人员学习和参考，也可作为城市轨道交通专业的教学用书。

本书的编写参考和引用了诸多同行学者的著作、论文和相关标准规范，并在编写过程中得到了诸多同行的帮助，在此谨向他们致以诚挚的谢意！限于水平，本书难免有疏漏和不当之处，敬请广大读者批评指正。

编者
2018 年 10 月

目　录

第1章　结构巡检 …………………………………… 1
　1.1　结构设施巡检基本内容 …………………… 1
　1.2　结构巡检分类 ……………………………… 1
　1.3　结构经常性检查实施内容 ………………… 8
　1.4　常见定期检测实施内容 ………………… 14
　1.5　常见定期检测实施方法 ………………… 20

第2章　结构临时性查看维修 ……………………… 27
　2.1　临时性查看维修实施要求 ……………… 27
　2.2　临时性查看维修基本内容 ……………… 27

第3章　结构日常维修 ……………………………… 30
　3.1　日常维修施工管理总则 ………………… 30
　3.2　常见结构病害原因分析及应对措施 …… 32
　3.3　结构裂缝渗漏治理——注浆堵漏施工 … 36
　3.4　变形缝渗漏治理——注浆、引流槽增设施工 …………………………………… 40
　3.5　预埋件、穿墙管渗漏治理——填塞封堵施工 …………………………………… 42
　3.6　蜂窝渗漏治理——涂刮防渗剂、注浆堵漏施工 ………………………………… 44
　3.7　防水卷材施工 …………………………… 45
　3.8　防水涂料施工 …………………………… 49
　3.9　隧道结构缺陷治理——混凝土修补施工 ………………………………………… 51

3.10	混凝土缺陷治理——混凝土现浇施工	54
3.11	结构裂缝治理——碳纤维布加固施工	56
3.12	结构裂缝治理——粘钢加固施工	59
3.13	转辙机基坑积水治理——水泥浆灌浆施工	61
3.14	转辙机基坑积水治理——灌缝胶灌浆施工	65
3.15	涌水治理——衬砌后背回填注浆施工	68
3.16	功能门缺陷治理——维护及更换施工	70
3.17	顶棚漏水治理——打胶施工	73
3.18	防淹门、人防门维护	74
3.19	道路故障治理——沥青施工	76
3.20	井体沉降治理——升井施工	78
3.21	塌陷治理——土方回填施工	79
3.22	道床脱空治理——灌浆施工	81
3.23	钢环缺陷治理——除锈施工	84
3.24	钢环缺陷治理——膨胀螺栓紧固施工	85

3.25 排水堵塞治理——排水沟新增施工 ………………………………… 87
3.26 疏散平台维护治理——除锈油漆施工 ………………………………… 89
3.27 疏散平台破损治理——设备更换施工 ………………………………… 91

第4章 突发结构故障处置方案 ……………… 94
4.1 突发结构故障抢险概述 …………… 94
4.2 孔洞渗漏、涌水——堵漏应急治理 … 95
4.3 隧道结构被击穿——地面垂直冻结法修复应急处置 …………………………… 97
4.4 车站结构被击穿——碳纤维修复应急处置 ………………………………… 98
4.5 涌水——抽排水应急处置 ………… 102
4.6 涌水、桥梁结构裂缝——钢板加固应急处置 ………………………………… 103
4.7 突泥、涌沙——喷混凝土封堵应急处置 ………………………………… 103
4.8 路面塌陷——回填应急处置 ……… 105
4.9 道床脱空沉降——灌浆封堵应急治理 ………………………………… 106

4.10 混凝土掉块——敲除、修补应急
处理 ………………………………… 109
第5章 养护安全保证措施 …………………… 112
5.1 维保操作中的风险点 ………………… 112
5.2 养护作业安全技术及组织措施 ……… 116
5.3 交通组织设计 ………………………… 118
5.4 安全知识培训制度 …………………… 119
5.5 文明施工措施 ………………………… 130
第6章 信息化管理措施 ……………………… 134
6.1 资料管理的总体要求 ………………… 134
6.2 主要资料目录 ………………………… 135
6.3 信息分析保存 ………………………… 135
6.4 档案资料管理要求 …………………… 135
6.5 数据库管理要求 ……………………… 136
参考文献 …………………………………………… 137

第 1 章 结构巡检

1.1 结构设施巡检基本内容

巡检指的是对车站、轨行区结构设施进行检查,掌握结构的基本状况,确认设施的状态,及时发现早期破损、缺陷、损坏或其他异常情况,并采取相应的养护措施。

通过了解结构的技术状况及缺陷和损伤的性质、部位、严重程度、发展趋势,弄清出现缺陷和损伤对结构质量和使用承载能力的影响,并为结构维修加固设计提供可靠的技术数据和依据。

因此,巡检是进行结构维修与加固的先导工作,是决定维修与加固方案是否可行和正确的保证。

1.2 结构巡检分类

通常采用经常性检查、定期检测、特殊检测这三类检查方法来实施巡检工作。

1.2.1 经常性检查

经常性检查通常由经过培训的专职管理人员或养护技术人员负责，检查内容为设施主体结构及附属设施的外观状况、早期显著病害及其他异常情况。发现需要改善的设施缺陷和对通行有影响的设施缺陷应做好检查记录，并及时处置。

1. 检查内容及频率

结构的经常性检查主要包括桥梁结构、隧道结构、风井及变电所结构、车站结构、车辆段场几方面。通常为每月检查一次，遇到特殊情况，应增加检查频率。

经常性检查包括以下方面内容：

（1）桥梁区间段结构检查

① 桥面平整度、道床整体性、排水设施完好情况；

② 梁体及墩柱的裂缝发展程度；混凝土剥落、渗漏、钢筋锈蚀情况；伸缩缝完好程度；支座位置及完好程度；连接部件完整性等；

③ 墩台基础的冲刷变形、下沉情况；河床冲刷情况；翼墙（侧墙、耳墙）的开裂、风化剥落和异常变形情况；锥坡、护坡是否局部塌陷；铺砌面的塌陷、缺损等。

（2）隧道区间段结构检查

① 管片的裂缝、渗水、缺角、掉边；连接螺栓的完好性；混凝土剥落、渗漏；钢筋锈蚀情况等；

② 道床整体性；结构底板变形、下沉情况；转辙机基坑积水情况；道床表面是否发现冒砂、冒水现象；

③ 洞门、洞身与车站交接处变形缝是否渗漏水、引流槽是否松动、脱落；混凝土是否剥落、掉块、漏筋；

④ 隧道内加固钢环状态；

⑤ 疏散平台、联络通道等附属设施完好性。

（3）风井及变电所结构检查

① 墙体结构完好性；混凝土是否剥落、掉块、漏筋；施工缝、变形缝是否渗漏水；

② 螺栓是否松动、锈蚀；

③ 离壁沟排水是否通畅。

（4）车站检查

① 主体结构及附属设施的裂缝发展程度，混凝土剥落、渗漏，钢筋锈蚀情况；

② 施工缝、变形缝完好情况；止水带受损情况及螺栓是否松动、锈蚀；离壁沟排水情况。

（5）车辆段场检查

① 主体结构完整性；道床整体性；施工缝、变形缝是否渗漏水；混凝土是否剥落、掉块、露筋；

② 检修槽、钢雨棚完好性；

③ 道路及其附属设施完好情况。

2. 检查方式

检查宜采用步行方式以目测为主，配合以检查工具。

3. 检查工具

配备手电、裂缝观测尺、卷尺、相机、记号笔、长柄扫帚、钢刷、刮刀、平头起子、铲子、扭力扳手、检查报告表、望远镜等必要的检查工具或设备，有必要时应携带图纸。

4. 检查方法

（1）检查时，应尽量靠近结构，依次检查各个结构部位，注意发现异常情况和原有异常情况的发展变化。对于有异常情况的结构，应在其适当位置作出标记。

（2）检查宜尽可能定性判断，辅以结果量化。

（3）检查结果应及时填入《经常性检查记录表》（表1-1），翔实记述检查项目的位置、故障情况、风险等级，预估维修工作量，作出分类判定。

表1-1　经常性检查记录表

编号　×××××

结构名称		检查时间	××年××月××日
缺陷位置	××	检查人员	××、××
缺陷描述			
1.××××××××× 2.××××××××× 3.×××××××××			
建议处理方式			
1.××××××××× 2.××××××××× 3.×××××××××			
修复情况			
1.××××××××× 2.××××××××× 3.×××××××××			
修复时间	××年××月××日	反馈人	××
审　核	××		

注：1. 病害数量统计时应采用累加方式；

2. 有缺陷且要求维修的项目要进行拍照，并在《经常性检查记录表》的"缺陷描述"栏中注明相片编号。

1.2.2　定期检测

定期检测分为常规定期检测和结构定期检测，主要是对主体结构及附属设施的周期性检查，为修缮提供依据。

1. 定期检测方式

定期检测宜采用步行方式为主，配以登高检查。依次检查各个结构部位，对于有异常情况的结构，应在其适当位置作出标记，检查结果宜尽可能量化。检查完成后应提出定期检查报告，将检查数据及病害应详细、准确地记录，分析病害的成因，给出判定结论。

2. 定期检测工具

在经常性检查的基础上配备全站仪、水准仪、混凝土强度回弹仪、超声波裂纹深度探测仪、钢筋保护层仪等专业检查工具或设备，携带图纸，桥梁检查时应配备登高车。

3. 定期检测内容

（1）常规定期检测内容

常规定期检测以目视观察为主，辅以必要的工具、常规测量仪器、拍照机和其他现场用器材等手段，对结构损坏的程度和范围进行量测、统计与记录，并对原因进行分析，实际判断结构缺损原因，对轨行区及车站结构作出质量状况评估，并判断维修的范围及方法。对需要进一步查明原因或继续观察的缺损部件，提出特殊检测或下次检查的时间要求。

（2）结构定期检测内容

结构定期检测是在经常检查的基础上，进一步准确确定结构状况，应用无破损检测手段对结构进行全面检测、测强和探伤，找出损坏的原因、程度和范围，分析损坏所造成的后果以及潜在缺陷可能给桥梁结构带来的危险，为评价结构的耐久性和承载能力、确定维修工程的实施方案提供依据。

4. 定期检测人员

（1）常规定期检测人员

常规定期检测应由具有轨道交通结构经验，且受过专门结构巡检安全培训的检查工程师进行。

(2) 结构定期检测人员

结构定期检测应由具有相应资质的专业单位承担,并由具有一定检查经验并受过专门结构检查及安全培训、熟悉结构设计、施工等方面知识的检查工程师参与。检测人员应具有5年以上轨道交通结构专业工作经验。

5. 定期检测频率

(1) 常规定期检测频率

常规定期检测每半年一次。

(2) 结构定期检测频率

结构定期检测每三年一次。

6. 检测设施选择原则

(1) 按编号顺序选择

根据结构建成年月,遵循先建立先检测的原则,在3~5年内对所有设施进行逐一检测。

(2) 按病、危等问题结构设施选择

根据结构病害情况,遵循重病害先检测的原则,对遭遇突发性事故且有损主体结构的需优先进行检测。

(3) 按受自然灾害、事故影响的严重程度选择

在设施遭遇暴雨、暴雪、台风、地震等自然灾害时,应优先对遭受灾害的结构进行检测,并且要根据受灾情况,对受灾害严重的设施结构优先进行检测。

1.2.3 特殊检测

特殊检测是在结构遭遇自然灾害、发生交通事故或保护区施工原因造成主体结构受损后,对遭受影响的结构进行详细的检查,为采取对策措施提供依据。

1. 在出现以下情况时，应对结构开展特殊检测：

（1）遭受地震、洪水等自然灾害侵害后；

（2）地上设施遭受重大撞击后；

（3）安全保护区范围内的管涵顶进、降水作业、隧道开挖等工程施工完成后；

（4）结构改造、加固前；

（5）定期检测难以判明损坏原因、程度及整座桥的技术状况；

（6）超过设计使用年限时。

2. 特殊检测方式

特殊检测宜采用步行方式为主，配以登高检查。

3. 特殊检测内容

特殊检测应针对受异常事件影响的结构或结构部位作重点检查，诊断结构材料缺损状况，评估结构整体性能和功能状况。检查完成后应提交特别检查报告，包括检查记录、评估异常事件的影响、给出判定、确定合理的对策措施。

（1）结构材料缺损状况诊断

结构材料缺损状况的诊断，应根据材料缺损的类型、位置和检测的要求，选择表面测量、无损检测技术和局部取试样等方法。试样宜在有代表性构件的次要部位获取。检测与评估应依照相应的试验标准进行。

（2）结构整体性能、功能状况评估

结构整体性能、功能状况评估应根据诊断的构件材料质量及其在结构中的实际功能，用计算分析评估结构承载能力。当计算分析评估不满足或难以确定时，用静力荷载方法鉴定结构承载能力，用动力荷载方法测定结构力学性能参数和振动参数。结构计算、荷载试验和评估应符合国家现行有关标准的规定。

4. 特殊检测人员

结构特殊检测应由具有相应资质的专业单位承担,检测人员应具有5年以上轨道交通结构专业工作经验。

1.3 结构经常性检查实施内容

1.3.1 桥梁结构检查

1. 检查工具

手电、数码相机、望远镜、图纸、检查报告表、钢刷、刮刀、铲子、钢卷尺、水写笔、扭力扳手、伸缩梯。

2. 检查内容及措施

(1) 检查桥面、栏杆、梁板、桥墩是否有裂缝、破损、露筋、掉块,有无空鼓、麻面,并及时记录、处理;

(2) 检查钢梁是否锈蚀,并及时记录、处理;

(3) 检查伸缩缝橡胶条是否脱落、破损,是否完整、有效,并及时记录、处理;

(4) 检查变形缝盖板是否破损变形,并及时记录、处理;

(5) 检查排水设施是否完整、有效,排水是否通畅并及时记录、处理;

(6) 检查桥梁桥疏散平台是否有开裂、露筋、破损,钢支撑和步梯是否有脱漆锈蚀,螺栓是否有松脱缺失,并及时记录、处理或报修;

(7) 检查防雷设施是否脱焊、锈蚀,并及时记录、处理;

(8) 检查地漏是否完好,并及时记录、处理;

(9) 检查板式橡胶支座是否完整、有效；盆式橡胶支座锚栓的坚固程度；支承垫板是否平整密贴支座；

(10) 检查桥台护锥和背后盲沟及防护设施有无下沉、损坏、空洞；砌石勾缝有无脱落；

(11) 检查桥墩是否有被撞痕迹，尤其是地面道路交叉路口处的桥墩，并及时记录、处理；

(12) 检查桥梁的限高架等交通标志是否有损坏，并及时记录、处理；

(13) 检查桥墩是否有涂鸦等情况，发现时应及时记录、处理；

(14) 检查桥梁保护区范围内是否有影响结构安全的施工；

(15) 检查桥梁结构下方是否有危及行人、行车安全的其他病害。

3. 检查注意事项

(1) 巡检过程中发现设施明显损坏，影响行车、行人安全，应及时采取相应维护措施，在相关部门配合下暂时限制桥下交通等，并立即向主管部门报告；

(2) 日常性检查记录应每日整理归档，并提出日常性检查工作的总结和评价意见，以改进工作效率。

1.3.2 隧道结构巡检

1. 检查工具

手电、数码相机、望远镜、图纸、检查报告表、长柄扫帚、钢刷、刮刀、平头起子、铲子、钢卷尺、水写笔、铅笔、扭力扳手、伸缩梯、涂料、榔头、拾取工具、垃圾袋。

2. 检查内容及措施

(1) 检查结构外观情况：洞口边缘是否积水，边沟是否堵塞，结构是否开裂、倾斜、沉降、漏水，与车站交接处的变形缝是否渗漏水，引流槽是否松动、脱落。

（2）检查洞门结构：是否开裂、倾斜、沉降、错台、起层、剥落、渗漏水，洞门及洞身是否有较大裂缝（大于2mm）、渗漏水。

（3）洞口与洞身连接处：是否有明显的环向裂缝，是否有外倾趋势；矩形隧道混凝土是否有脱落掉块情况，钢筋是否有外漏、受侵蚀情况。

（4）检查墙体：是否有开裂、裂缝；结构是否倾斜、沉降、断裂。

（5）检查初衬管片：是否开裂、错台、起层、剥落、有掉块隐患和渗漏水，拼缝是否开裂、错台，管片是否有大于0.2mm的裂缝、缺角、掉边，管片接缝是否渗漏水，管片连接螺栓是否缺失，部分裸露螺栓等铁制件是否生锈。

（6）检查隧道内加固钢环：是否发生变形、锈蚀等状态。

（7）检查联络通道：是否变形沉降、破损、漏水，隧道标志是否完好。

（8）检查疏散平台、区间人防门、防淹门、联络通道门：是否变形沉降、破损，是否影响使用功能，检查各种门锁、逃生推杆、闭门器、插销是否损坏、残缺；门扇是否变形、脱漆；门的合页是否虚焊、脱焊，逃生标志是否残缺；人防门、防淹门的门扇是否锈蚀、脱漆；门铰链是否有损坏、脱焊；固定人防门、防淹门的支座是否锈蚀、松动，限位装置是否松动、缺损，限位小车是否能正常运行。

（9）检查道床表面结构：是否有开裂、剥落、露筋、返水等病害；道床与管片或车站结构底板是否有脱离；道床表面是否发现冒砂、冒水现象。

（10）检查区间通道（水泵房）：是否渗漏水，接触网、轨道上方 $1m^2$ 范围内是否渗漏水。

（11）检查排水：排水沟与道床是否脱离，管沟是否堵塞、积水。

（12）检查转辙机基坑：基坑是否积水；周边排水沟及道床是否存在泥沙淤积、积水情况。

3. 检查注意事项

（1）存在安全风险的，需在检查中立即处理；暂时无法解决的重大隐患，应视情况立即报告相关部门予以进一步处置。

（2）发现混凝土结构有掉块风险的，应立即敲除，并清理现场，避免对列车运行带来风险。

（3）对于基坑积水的情况，应立即采用长柄勺舀水、海绵吸水的方式将现场积水降至基坑底部，避免积水对机电设备造成影响；并查找转辙机基坑积水原因及来水源头；检查附近污水泵工作情况；检查周边落水设施（落水管等）通排情况、排水沟与基坑高度差等；现场对转辙机基坑积水原因及水位高度相关数据进行记录，拍摄照片或视频留存。

（4）发现排水设施堵塞造成局部积水的，为了避免设备损坏或水淹道床等情况出现，应立即清理。

（5）发现附属构件等松动的，应及时予以紧固。

1.3.3 风井及变电所结构巡检

1. 检查工具

手电、数码相机、望远镜、图纸、检查报告表、钢刷、刮刀、平头起子、钢卷尺、粉笔、水写笔、伸缩梯。

2. 检查内容及措施

（1）检查混凝土是否剥落、掉块、漏筋，并及时记录、处理。

(2) 检查风井及变电所设备房墙体是否有开裂,并及时记录、处理。

(3) 检查主体结构是否有裂缝、渗漏水,并及时记录、处理。

(4) 检查止水带受损情况及螺栓是否松动、锈蚀,并及时记录、处理。

(5) 检查施工缝、变形缝是否渗漏水,并及时记录、处理。

(6) 检查离壁沟排水是否通畅,并及时记录、处理。

3. 检查注意事项

对有设备的房间进行经常性检查时,检查人员应具有特殊作业上岗证(高压电工证等),或有相关专业人员在场陪同。检查工作应严格遵守设备房的规章制度。

1.3.4 车站结构巡检

1. 检查工具

手电、数码相机、望远镜、图纸、检查报告表、长柄扫帚、钢刷、刮刀、平头起子、铲子、钢卷尺、粉笔、水写笔、铅笔、扭力扳手、伸缩梯。

2. 检查内容及措施

(1) 检查主体结构是否有裂缝、渗漏水,混凝土是否有剥落、掉块、漏筋,并及时记录、处理。

(2) 检查墙体止水带受损情况及螺栓是否松动、锈蚀,并及时记录、处理。

(3) 检查车站设备房墙体是否有开裂,并及时记录、处理。

（4）检查施工缝、变形缝是否渗漏水，并及时记录、处理。

（5）检查离壁沟排水是否通畅，并及时记录、处理。

3. 检查注意事项

（1）对有设备的房间进行经常性检查时，检查人员应具有特殊作业上岗证（高压电工证等），或有相关专业人员在场陪同；检查工作应严格遵守设备房的规章制度。

（2）如发现结构存在重大隐患，或有影响乘客安全的故障，需立即处理；暂时无法解决的，应立即施行隔离防护措施。

1.3.5 车辆段场结构设施巡检

1. 检查工具

手电、数码相机、望远镜、图纸、检查报告表、钢刷、刮刀、平头起子、铲子、钢卷尺、粉笔、水写笔、铅笔、扭力扳手、伸缩梯。

2. 检查内容及措施

（1）检查主体结构是否有裂缝、渗漏水。

（2）检查施工缝、变形缝是否有渗漏水。

（3）检查混凝土是否有剥落、掉块、露筋。

（4）检查整体道床是否有开裂等受损情况。

（5）检查立柱混凝土是否有开裂脱落。

（6）检查检修槽是否有积水。

（7）检查钢雨棚是否渗漏水。

（8）检查道路的结构及其附属设施状况。

3. 检查注意事项

存在安全风险的，需在检查中立即处理；暂时无法解决的重大隐患，应视情况立即报告相关部门予以进一步处置。

1.4 常见定期检测实施内容

1.4.1 桥梁段定期检测

1. 检测工具

全站仪、水准仪、混凝土强度回弹仪、超声波裂纹深度探测仪、钢筋保护层仪。

2. 检测内容

桥梁段定期检测内容见表1-2。

表1-2 桥梁段定期检测内容

检查部件	检查内容
桥面系	1. 伸缩缝是否堵塞、梁端缝宽不小于设计值的1.2倍; 2. 伸缩缝锚固连接是否牢固,连接件是否松动; 3. 伸缩缝密封橡胶带是否老化、拉开、开裂、失效; 4. 钢构件是否锈蚀、变形,有无局部破损、开裂; 5. 混凝土栏杆有无裂缝、露筋 6. 金属栏杆油漆是否失效、锈蚀等
支座	1. 支座的锚螺栓有无剪断,螺母有无松动、锈蚀; 2. 支座的钢件是否锈蚀、有无裂纹、有无脱焊; 3. 支座的支承垫石是否裂损、翻浆;与梁体、墩台连接是否密贴; 4. 支座的上下钢板是否水平、脱空和翘曲 5. 板式橡胶支座橡胶板有无裂纹、不均匀鼓凸变形、钢板外露;位移、剪切角是否超限; 6. 盆式橡胶支座的位移和转角是否超限,密封圈有无开裂和破损
钢筋混凝土梁及预应力混凝土梁	1. 梁体是否有裂缝 2. 预应力混凝土梁封端混凝土是否出现裂缝、渗漏水、脱落,锚具是否外露; 3. 混凝土梁是否出现空洞、蜂窝麻面、龟裂,表面是否出现风化

续表

检查部件	检查内容
钢梁	1. 梁体油漆涂膜是否粉化、起泡、裂纹、脱落、点锈等； 2. 钢梁、杆件、拼接板、焊缝是否出现裂纹，对出现裂纹的处所应做标记； 3. 钢梁联结件是否松动； 4. 钢梁铆钉和高强度螺栓是否流锈、松动、折断； 5. 钢梁铆钉是否存在松动、烂头等不良情况； 6. 钢梁杆件是否压屈稳定、弯曲变形； 7. 钢梁梁体是否局部损伤，结合部位混凝土有无开裂、渗水
墩台及基础	1. 是否存在裂缝，重点检查是否存在贯通裂缝； 2. 墩台基础是否存在掏空、冲刷情况； 3. 墩柱、桥台、盖梁混凝土是否有裂缝、表面风化、钢筋外露、混凝土剥落的情况
附属设施	1. 横向限位螺栓是否松动，防磨板与梁体是否密贴； 2. 抗震销棒是否倾斜、变形、断裂、锈蚀、顶死、缺失，销棒固定端混凝土是否破损；抗震销棒有无裂缝； 3. 桥台护锥有无下沉、残缺，并测量下沉和残缺量； 4. 桥的防护栏杆、防护栅、防护栏、隔离带、防撞墩、防撞护栏等是否有断裂、松动、错位、缺件、剥落、锈蚀等损坏现象； 5. 梁体、墩台是否被撞，是否有漏筋情况，梁体防撞钢板、墩台防撞钢板是否损坏； 6. 限高架设置情况

1.4.2 隧道段定期检测

1. 检测工具

全站仪、水准仪、混凝土强度回弹仪、超声波裂纹深度探测仪、钢筋保护层仪。

2. 检测内容

隧道段定期检测内容见表 1-3。

表 1-3　隧道段定期检测内容

检查部件	检查内容
主体结构	1. 衬砌开裂情况，是否存在压溃、错台、张裂现象； 2. 裂缝长度是否大于等于 5mm、宽度是否大于 3mm； 3. 拱部压溃范围是否大于 $0.5m^2$、掉块厚度是否大于 6mm； 4. 变形缝缝宽有无缝宽变化、错位情况； 5. 变形缝缝宽变化值是否大于等于 20mm； 6. 变形缝填塞物有无脱落； 7. 盾构隧道管片螺栓孔、注浆孔填塞物有无脱落； 8. 洞体结构，特别是变形缝、盾构隧道管片螺栓孔、注浆孔和管片接缝处，衬砌开裂和腐蚀等部位有无渗漏水现象； 9. 衬砌混凝土是否发生起毛、酥松、麻面蜂窝、起鼓、剥落等腐蚀现象； 10. 衬砌是否有局部小掉块、钢筋外露、锈蚀现象； 11. 整体道床与底板结构间是否存在间隙
排水设施	1. 排水设施结构物是否完好； 2. 排水沟、排水管、集水井有无开裂、漏水、淤积、堵塞、沉沙、滞水等现象，钢构件有无锈蚀； 3. 隧道变形缝及衬砌防水设施是否完好，有无渗漏水
疏散平台	1. 疏散平台板上有无杂物，结构是否完好； 2. 疏散平台固定螺栓是否松动； 3. 疏散平台板是否有掉角开裂

1.4.3　车站定期检测

1. 检测工具

全站仪、水准仪、混凝土强度回弹仪、超声波裂纹深度探测仪、钢筋保护层仪。

2. 检测内容

车站定期检测内容见表 1-4。

表 1-4 车站定期检测内容

检查部件	检查内容
钢结构 (含过街天桥、地下通道)	1. 屋架、立柱等处是否出现裂纹、锈蚀现象; 2. 接缝是否开焊; 3. 防锈漆是否脱落,防火涂料是否开裂; 4. 轻质隔墙,检查是否开裂、变形和倾斜; 5. 地下车站电缆墙是否有空鼓、裂缝或渗漏; 6. 结构是否有渗漏,导流管是否工作正常; 7. 过街天桥栏杆、扶手是否存在变形、开焊、锈蚀及掉漆情况
钢筋混凝土结构及预应力混凝土结构	1. 墙体是否有裂缝,楼板是否有裂缝;结构变形缝是否完好; 2. 结构是否有渗漏,导流管是否工作正常
屋体	1. 车站屋顶、屋面装饰面伸缩缝盖板孔(门)、透气孔网等外观是否完好; 2. 采光板屋面及金属屋面是否有污点、腐蚀,采光是否良好,隔热层及防潮板功能是否有效; 3. 屋面防水卷材是否起鼓、开裂,封边是否牢固; 4. 屋顶是否洇水、漏水,女儿墙是否尿檐
顶面	1. 吊顶的面板、扣件、龙骨是否破损,扣件是否牢固; 2. 吊顶有无下垂,龙骨有无松动,吊件有无腐蚀、松动; 3. 吊顶格栅分格是否均匀、方正,表面是否平顺、起拱,是否有塌陷; 4. 垂片类吊顶龙骨是否水平,吊件和龙骨是否紧固
墙面	1. 玻璃幕墙密封是否完好,挂件是否牢固; 2. 轻质隔墙是否开裂、变形和倾斜
楼梯	钢质楼梯是否开裂、变形和倾斜
出入口	1. 吊顶的面板、扣件、龙骨是否破损,扣件是否牢固; 2. 吊顶有无下垂,龙骨有无松动,吊件有无腐蚀、松动; 3. 吊顶格栅分格是否均匀、方正,表面是否平顺、起拱,是否有塌陷; 4. 垂片类吊顶龙骨是否水平,吊件和龙骨是否紧固; 5. 玻璃幕墙密封是否完好,挂件是否牢固; 6. 轻质隔墙,检查是否开裂、变形和倾斜

续表

检查部件	检查内容
风道（地下通道）	1. 衬砌开裂情况，是否存在压溃、错台、张裂现象； 2. 裂缝长度是否大于等于5mm、宽度是否大于3mm； 3. 拱部压溃范围是否大于$0.5m^2$、掉块厚度是否大于6mm； 4. 变形缝缝宽有无缝宽变化、错位情况； 5. 变形缝缝宽变化值是否大于等于20mm； 6. 变形缝填塞物有无脱落； 7. 盾构隧道管片螺栓孔、注浆孔填塞物有无脱落； 8. 洞体结构，特别是变形缝、盾构隧道管片螺栓孔、注浆孔和管片接缝处，衬砌开裂和腐蚀等部位有无渗漏水现象； 9. 衬砌混凝土是否发生起毛、酥松、麻面蜂窝、起鼓、剥落等腐蚀现象； 10. 衬砌是否有局部小掉块、钢筋外露、锈蚀现象； 11. 整体道床与底板结构间是否存在间隙
排水设施	1. 雨落管、排水管和排水漏斗是否堵塞、破损； 2. 水箅子是否破损

1.4.4 车辆段场定期检测

1. 检测工具

全站仪、水准仪、混凝土强度回弹仪、超声波裂纹深度探测仪、钢筋保护层仪。

2. 检测内容

车辆段场定期检测内容见表1-5。

表1-5 车辆段场定期检测内容

检查部件	检查内容
钢结构构筑物	1. 屋架、立柱等处是否出现裂纹、锈蚀现象； 2. 接缝是否开焊； 3. 防锈漆是否脱落，防火涂料是否开裂； 4. 轻质隔墙，检查是否开裂、变形和倾斜； 5. 地下构筑物电缆墙是否有空鼓、裂缝或渗漏； 6. 结构是否有渗漏，导流管是否工作正常； 7. 跨越式钢构件栏杆、扶手是否存在变形、开焊、锈蚀及掉漆情况

续表

检查部件	检查内容
钢筋混凝土结构及预应力混凝土结构	1. 墙体是否有裂缝，楼板是否有裂缝；结构变形缝是否完好； 2. 结构是否有渗漏，导流管是否工作正常
屋体	1. 屋顶、屋面装饰面伸缩缝盖板孔（门）、透气孔网等外观是否完好； 2. 采光板屋面及金属屋面是否有污点、腐蚀，采光是否良好，隔热层及防潮板功能是否有效； 3. 屋面防水卷材是否起鼓、开裂，封边是否牢固； 4. 屋顶是否洇水、漏水，女儿墙是否尿檐
顶面	1. 吊顶的面板、扣件、龙骨是否破损，扣件是否牢固； 2. 吊顶有无下垂，龙骨有无松动，吊件有无腐蚀、松动； 3. 吊顶格栅分格是否均匀、方正，表面是否平顺、起拱，是否有塌陷； 4. 垂片类吊顶龙骨是否水平，吊件和龙骨是否紧固
墙面	1. 玻璃幕墙密封是否完好，挂件是否牢固； 2. 轻质隔墙是否开裂、变形和倾斜
楼梯	钢质楼梯是否开裂、变形和倾斜
出入口	1. 吊顶的面板、扣件、龙骨是否破损，扣件是否牢固； 2. 吊顶有无下垂，龙骨有无松动，吊件有无腐蚀、松动； 3. 吊顶格栅分格是否均匀、方正，表面是否平顺、起拱，是否有塌陷； 4. 垂片类吊顶龙骨是否水平，吊件和龙骨是否紧固； 5. 玻璃幕墙密封是否完好，挂件是否牢固； 6. 轻质隔墙，检查是否开裂、变形和倾斜
地下构筑物	1. 衬砌开裂情况，是否存在压溃、错台、张裂现象； 2. 裂缝长度是否大于等于5mm、宽度是否大于3mm； 3. 拱部压溃范围是否大于 $0.5m^2$、掉块厚度是否大于6mm； 4. 变形缝缝宽有无缝宽变化、错位情况； 5. 变形缝缝宽变化值是否大于等于20mm； 6. 变形缝填塞物有无脱落； 7. 盾构隧道管片螺栓孔、注浆孔填塞物有无脱落； 8. 洞体结构，特别是变形缝、盾构隧道管片螺栓孔、注浆孔和管片接缝处，衬砌开裂和腐蚀等部位有无渗漏水现象； 9. 衬砌混凝土是否发生起毛、酥松、麻面蜂窝、起鼓、剥落等腐蚀现象； 10. 衬砌是否有局部小掉块、钢筋外露、锈蚀现象； 11. 整体道床与底板结构间是否存在间隙

续表

检查部件	检查内容
排水设施	雨落管、排水管和排水漏斗是否堵塞、破损,水箅子是否破损
料棚	1. 屋架、立柱等处是否出现裂纹、锈蚀现象,接缝是否开焊; 2. 防锈漆是否脱落,防火涂料是否开裂
检修沟	车辆段电客车及轨道车检修沟检查是否发生沉降、开裂
附属设施	1. 路面是否有坑洼、破损、开裂和下沉现象; 2. 围墙是否破损、开裂和变形

1.5 常见定期检测实施方法

1.5.1 结构裂缝检测

1. 检测工具

望远镜(进行远距离观测)、裂缝观测仪(初步确定裂缝宽度)、TICO混凝土超声波检查仪(对混凝土的裂缝进行深入观测,如裂缝的长度、宽度、深度;对混凝土强度的观测)、混凝土保护层厚度、钢筋位置、钢筋直径测试仪(对出现裂缝的区域进行混凝土保护层厚度、钢筋位置、钢筋直径的观测,以便更好地了解裂缝产生的原因)、钢卷尺(测量裂缝长度)。

2. 检测方法

(1)用望远镜进行初步观测,对发现的混凝土剥落、损坏进行记录(包括位置、面积);对发现的混凝土裂缝,先用裂缝观测仪进行观测,对超过2cm的,用TICO混凝土超声波检查仪进行深入观测,再用混凝土保护层厚度、钢筋位置、钢筋直径测试仪对裂缝区域进行混凝土保护层厚度、钢筋位置、钢筋直径检测；对钢筋头漏出的位置、数量进行记录。

（2）对发现的裂缝用毛笔蘸取丙酮，涂刷混凝土，并用标记笔标出裂缝走向及标记时间，再用裂缝观测仪进行初步观测（测量裂缝宽度），最后用钢卷尺量出裂缝长度。

（3）对超过 2mm 的裂缝用 TICO 混凝土超声波检查仪进行进一步观察。

1.5.2 渗漏水量、冒泥冒砂量检测

轨道交通结构的渗漏现象，将直接影响工程寿命，及引起沉降变形，影响正常的通车运营，因此，必须做好技术方案，发现渗漏要及时封堵，堵漏时须查清渗漏水及冒泥冒砂的原因、流量、压力大小及分布规律，根据不同情况进行妥善治理。

渗漏水量检测是通过测量运营轨道交通每昼夜每平方米的实际平均渗漏水量及流砂量，并与设计要求相比较，判别是否符合要求，以便确定是否采取防水措施。

通过测定所有集水池在一定时段内的蓄水增量，再计算其与结构内表面积和所花时间乘积之比。也可测定每个集水池在一定时段内的蓄水增量，计算其与汇集渗水的区段内表面积和所花时间乘积之比，后一种测定方式可测定各区段的渗漏量，能掌握各区段防水性能的差异。

1. 检测工具

手电、数码相机、不锈钢标尺、钢卷尺、水写笔、铲子、空瓶。

2. 检测方法

（1）在集水池内侧壁垂直固定设置 1m 长的毫米刻度的不

锈钢标尺，精度为小于3mm。

(2) 手动方式启动排水泵排水，使集水池水位下降至标尺下端合适处，读记标尺的水面位置指示值。

(3) 间隔8h，再读记一次标尺的水面位置指示值。

(4) 计算两者之差，即为8h水位增量，用该差值乘以集水池面积即得增量水的体积。

(5) 再用增水量体积除以已知的该段结构内表面积和测量起始时间（8h）之乘积即可得该段隧道的平均渗漏水量。

(6) 隧道渗水量测定报警点设置。

(7) 分段计算式：

$$q_i = 24 S_i \times H_i \times 10^3 / (T_i \times M_i) \quad (1\text{-}1)$$

平均渗漏量：$Q = \sum S_i \times H_i \times 24 \times 10^3 / (T_i \times M) \quad (1\text{-}2)$

计量单位：升/（小时·平方米）——L/（d·m²）

式中　q_i——隧道内该渗水段渗漏量；

　　　S_i——该泵房水池面积，m²；

　　　H_i——该泵房水池在测定时间内液位上升量，m；

　　　T_i——该渗水段测试时间，h；

　　　M_i——该渗水段至水池隧道外壳内表面面积，m²；

　　　Q——全隧道平均渗漏率；

　　　M——全隧道外壳内表面面积，m²。

3. 测量要求

(1) 渗漏水测定应在无雨时进行，此时段内不准有养护用水侵入（如冲洗路面），能排入隧道的生活用水一律停止使用。

(2) 前后两次读记标尺应由同一人执行，以减少视读误差。

(3) 如渗水量过少，则应延长测定时段。

(4) 测定时段内，不能开启排水泵。

(5) 记录气温、气候和当时潮位。

1.5.3 混凝土碳化检测

混凝土碳化是指混凝土本身含有大量的毛细孔,空气中的二氧化碳与混凝土内部的游离氢氧化钠反应生成碳酸钙,造成混凝土疏松、脱落。混凝土碳化本身对混凝土并无破坏作用,其主要危害是由于混凝土碱性降低使钢筋表面在高碱环境下形成的对钢筋起保护作用的致密氧化膜遭到破坏,使混凝土失去对钢筋的保护作用,使混凝土中的钢筋锈蚀,同时,混凝土的碳化还会加剧混凝土的收缩,这些都可能导致混凝土的裂缝和结构的破坏。

1. 检测工具

手电、数码相机、毛刷、钢刷、刮刀、酚酞指示剂、铲子、钢卷尺、喷壶、水写笔、伸缩梯。

2. 检测方法

(1) 首先在欲测试的混凝土体钻孔,孔径在 14mm 左右、孔深大于混凝土碳化层厚度。

(2) 一个区域布置三个测孔,三个测孔应形成"品"字形排列,孔距根据构件尺寸大小确定,但应大于两倍孔径。

(3) 成孔后用毛刷将孔中碎屑、粉末清除,暴露混凝土新茬。

(4) 将配置指示感应液(酚酞试剂)喷洒于孔壁内。

(5) 待酚酞指示剂显色后,用测深卡尺精确测量变色交界处的深度,并做记录(表1-6)。

(6) 混凝土碳化深度大于构件保护层厚度,则需对混凝土保护层进行密封等工程措施。

表 1-6 混凝土碳化检测表

部位	取用测量点号	孔深 (mm)	孔径 (mm)	碳化深度 (mm)	平均碳化深度 (mm)	保护层厚度参考值	备注

1.5.4 混凝土强度检测

混凝土强度采用回弹法检测，对结构各主要构件的混凝土强度进行抽测。

1. 检测工具

混凝土回弹仪、手电、数码相机、毛刷、钢刷、钢卷尺、水写笔、伸缩梯。

2. 检测方法

（1）测区选取方式

混凝土强度检测时应先根据检测构件布置测区，一般布置在混凝土构件的关键部位，可按下列规定选取：

① 按单个构件检测时，应在构件上均匀布置测区，每个构件上的测区数应不少于 6 个；

② 对同批构件按批抽样检测时，构件抽样数不应少于同批构件总数的 30%，且不少于 10 件，每个构件测区数不应少于 6 个；

③ 对于长度小于 3m，高度低于 0.6m 的构件，其测区数量可适当减少，但不应少于 5 个。

（2）测区选取要求

① 测区布置在构件混凝土浇灌方向的侧面；

② 测区均匀分布，相邻两测区的间距不宜大于 2m；

③ 测区避开钢筋密集区和预埋件；

④ 测区尺寸为 200mm×200mm；

⑤ 测试时构件表面应清洁、平整、干燥，不应有接缝、饰面层、浮浆和油垢，并避开蜂窝、麻面部位，必要时可用砂轮磨平，并清除残留粉尘，结构或构件的测区应注明编号，并记录测区布置示意图和外观质量情况。

（3）混凝土回弹测量

测试时回弹仪与测试面相互垂直，每一测区弹击 16 点，测点在测区范围内均匀布置，每一测点的回弹值读数准确至一度。

按《城市桥梁承载能力检测评定规程》JTG/T J21—2011 对桥的主要受力构件进行强度评定。

① 推定强度均匀系数 K_{bt}

$$K_{bt} = \frac{R_{it}}{R} \tag{1-3}$$

式中　R_{it}——承重构件或其主要受力部位混凝土的实测强度推定值；

　　　R——承重构件混凝土极限抗压强度设计值。

② 平均强度匀质系数 K_{bm}

$$K_{bm} = \frac{R_{im}}{R} \tag{1-4}$$

式中　R_{im}——承重构件或其主要受力部位测区平均换算强度值。

1.5.5　钢筋分布及保护层厚度检测

采用 ZBL-R800 型钢筋测定仪在梁板底部进行抽样检测，记录钢筋位置和保护层厚度等数据，对结构钢筋耐久性的影响进行评价。

根据某一测量部位各测点混凝土厚度实测值,按式(1-5)求出混凝土保护层厚度平均值$\overline{D_n}$(精确至0.1mm)。

$$\overline{D_n} = \frac{\sum\limits_{i=1}^{n} D_{ni}}{n} \quad (1-5)$$

式中　D_{ni}——结构或构件测量部位测点混凝土保护层厚度,精确至0.1mm;

　　　n——测点数。

按照式(1-6)计算确定测量部位混凝土保护层厚度特征值D_{ne}(精确至0.1mm):

$$D_{ne} = \overline{D_n} - KS_D \quad (1-6)$$

式中　S_D——测量部位测点保护层厚度的标准差,精确至0.1mm。

$$S_D = \sqrt{\frac{\sum\limits_{i=1}^{n}(D_{ni})^2 - n(\overline{D_n})^2}{n-1}}$$

　　　K——合格判定系数值,按表1-7取用。

表1-7　混凝土保护层厚度合格判定系数值

n	10~15	16~24	≥25
K	1.695	1.645	1.595

第 2 章 结构临时性查看维修

2.1 临时性查看维修实施要求

(1) 入轨作业时,需要佩戴"安全三宝"——安全帽、反光背心、安全鞋。根据现场还需要配备其他防护用品,如:登高需佩戴安全绳,注浆作业需戴护目镜、口罩等安全用具。在做好安全防护的状态下方可进行作业。入轨时现场施工负责人确认作业人员穿戴齐全后方可入轨。

(2) 到达车站后立即向车站请点,查看结构故障情况,了解周边环境,分析判断故障原因。

(3) 按作业计划、方案要求和发出的指令办理相关手续,组织工作。

(4) 将初步查看的情况进行现场记录并拍摄照片或视频,给出临时性解决措施,经各部门协调确认后进行临时性处理。

(5) 处理完毕后及时清场,确认人员全部离开后至车站消点。

2.2 临时性查看维修基本内容

2.2.1 步行查看结构故障

结构发生故障或者在结构设施遭遇不可抗力影响,如自然灾害、发生交通事故、隧道被打穿、涌水、冒泥冒砂等异常事件后，对故障或受影响的结构应立即进行详细检查。通过现场查看，判断是否为结构问题，及时将现场情况用图片、视频方式记录。主要检查内容包括以下几个方面：

(1) 渗漏水、积水故障。查找积水原因，判断水源；检查周边排水沟、道床泥砂淤积情况、积水情况；检查周边落水设施（落水管等）通排情况。

(2) 混凝土破损故障。了解故障原因，判断对结构的影响程度和对轨道交通运营可能造成的风险。

(3) 异物掉落故障。查明异物来源，判断对结构的影响程度和对轨道交通运营可能造成的风险。描述异物大小、形状和材质。

2.2.2 电客车添乘查看结构故障

运营期间内，区间内有较高结构风险可能影响运营，需要采取电客车添乘查看，了解设施状况或受影响情况，如转辙机基坑积水、异物掉落、水淹道床、结构漏水等。电客车添乘查看应满足以下要求：

(1) 添乘人员必须按规定穿着反光衣和戴安全帽，如涉及下轨道作业则必须穿着安全鞋，并携带在有效期内的相关证件至电客车添乘始发站车站控制室。

(2) 电客车添乘人员向添乘始发站值班站长请点、销点。

(3) 除非特殊情况且得到控制中心值班经理的许可，同一班电客车添乘人员人数安排一般不超过2人。

(4) 电客车添乘人员遵照添乘始发站值班站长指示，在约定的地点等待列车进站。

2.2.3 临时性维护维修故障

值守人员现场对故障发生点进行临时性处置，以降低对运营和乘客的影响范围和影响程度。对行人通过的区域做好警示标识。定时添乘电客车或现场驻点查看，观察故障发展变化情况，及时作出预警和响应。

（1）渗漏水故障。对行人通过的区域做好警示标识。对漏水部位采用涂抹型临时封堵或安装引流槽，轨行区应采用绝缘材料的引流槽，实施排引水流。

（2）积水故障。对行人通过的区域做好警示标识。抽排积水，查找水源或排水堵塞原因，有针对性地对水源点进行封堵或者安装引流槽或者疏通排水口和排水沟。

（3）混凝土破损故障。对行人通过的区域做好警示标识。及时清理现场混凝土残渣，对附着在原混凝土上、有掉落风险的位置及时凿除并清理干净。

（4）异物掉落故障。及时清理现场异物，查明异物来源，彻底清理干净。

（5）转辙机基坑积水、水淹道床。需要应急处置的，运营期间的积水应急处置工作由值守人员负责，非运营期间的基坑应急处置工作由施工人员负责。收到应急指令后，立即安排相关人员踏勘现场，抽排积水；积水发现当时无法立即处置且有较高积水风险的，运营期间按照添乘跟进要求实施查看，非运营期间安排值守人员定时查看，3～4h反馈一次信息。

第 3 章 结构日常维修

3.1 日常维修施工管理总则

日常维修受到轨道交通运营的限制,作业面周边设备、设施众多,安全风险较大,不仅要满足工程施工相关规范要求,同时还要严格遵照相关安全操作规程,服从相关部门的管控。

3.1.1 施工准备

(1) 在轨道交通车辆运行的部位及影响轨道交通正常运营的施工工序必须在夜间停车时间段里进行养护工作;不影响正常运营的可在日间进行施工,同时做好安全防护措施。

(2) 进入施工现场必须办理登记手续,经总调同意后方可进入,如施工点在附近有电缆等必须切断电源后才能施工,做好请点工作。

(3) 必须在夜间停运期间作业的,应根据在线运营作业时间限制等因素,合理利用维修时间,不影响列车的运营;不影响行车作业的,在不影响行车安全及乘客安全前提下,经车场控制中心批准后,对设施进行检修和故障维修作业。

(4) 施工人员进入施工现场后必须做好安全防护的准备工作,穿戴安全帽、反光背心、安全鞋,经现场施工负责人确认后方可作业。根据现场情况还需要配备其他防护用品,如:登高需佩戴安全绳,注浆作业需戴护目镜、口罩等安全用具。在做好安全防护的状态下方可作业。

(5) 如需明火施工必须有"动火令"后方可施工。

(6) 有登高作业的必须做好安全防护工作,确保挂好安全带,登高设施防滑装置开启并有专人进行看护。

3.1.2 脚手架搭设

(1) 根据轨道要求定制可在轨道上推行的 4 轮拆卸式平台车,平台车上预设脚子与活动脚手架固定,平台车 4 轮有制动装置。

(2) 活动脚手架采用 1 寸镀锌水管卡箍连接,高度满足登高施工要求,活动脚手架子顶布九夹板。

3.1.3 围护及遮盖

遮盖材料采用彩条布,在轨道车车顶及轨道电源线表面覆盖塑料布,布与布的边缝覆盖,用封箱带粘贴。

3.1.4 清理

(1) 维护工作结束后,必须做好清洁工作,做到场地清、材料清。剩余浆液及其他材料不得倾倒在施工现场。

(2) 清理工作按照先上后下、先里后外、先大后小的原则。

(3) 拆除脚手架前,应先拆除电源线上的防护彩条布,再清理脚手架上各类加固材料,随后拆除脚手架。

(4) 拆除下的脚手架搬运至指定地点,随后清理轨道上各类杂物。

3.1.5 记录与标示

完成结构维修后,记录并拍摄照片或视频,在施工位置粘贴施工标签。

3.1.6 离开

完成上述清理工作后,确认人员全部离开,经总调同意并签字后,必须办理"销点"手续后方能离开,如切断电源进行施工的必须恢复电源后方可离开。

3.2 常见结构病害原因分析及应对措施

常见结构病害大致分类见表 3-1,处理时应结合现场,分析原因后采取相应的应对措施。

表 3-1 常见结构病害分析及应对

序号	常见病害类型	可能原因分析	应对措施
1	混凝土蜂窝、麻面、露筋、孔洞等造成地下水渗水	1. 混凝土配合比不准,坍落度过小; 2. 长距离运输和自由入模高度过大	止水浆液注浆
2	结构施工缝渗水	1. 施工缝留设位置不当; 2. 施工缝清理不净,新旧混凝土未能很好结合; 3. 钢筋过密,混凝土捣实有困难等	1. 更换橡胶止水条; 2. 不锈钢引流槽增设引流
3	结构变形缝、沉降缝漏水	1. 温差造成混凝土收缩导致止水措施失效; 2. 混凝土质量问题; 3. 接缝不规范	1. 更换橡胶条、止水带; 2. 安装引流槽; 3. 不锈钢引流槽增设引流

续表

序号	常见病害类型	可能原因分析	应对措施
4	混凝土裂缝产生渗漏	1. 施工中，混凝土材料干缩、温度、水泥用量过大或水泥安定性不够等； 2. 运营中结构沉降造成	1. 双液浆填充； 2. 化学注浆； 3. 不锈钢引流槽增设引流
5	预埋件部位产生渗漏	1. 预埋件过密，埋件周围混凝土振捣不密实； 2. 在混凝土终凝前碰撞预埋件，使预埋件松动、预埋件铁脚过长，穿透混凝土层，又没按规定焊好止水环； 3. 预埋管道自身有裂缝、砂眼等弊病，地下水通过管壁渗漏等	1. 双液浆填充； 2. 化学注浆
6	混凝土脱落、蜂窝麻面等结构缺陷	1. 混凝土老化、脱落； 2. 外力挤压； 3. 钢筋锈蚀膨胀； 4. 模板垃圾清理不完全； 5. 混凝土保护层薄弱； 6. 施工脱模过早	1. 特殊混凝土修补； 2. 钢纤维粘贴； 3. 钢板加固处理
7	车站出入口顶棚漏水	玻璃胶条老化，丧失止水性能	玻璃打胶
8	车站、变电所、风井离壁沟积水	1. 离壁沟堵塞导致排水不畅； 2. 坡度不足； 3. 排水管设计不合理； 4. 原排水设施功能丧失	1. 离壁沟清理，调整坡度； 2. 铺设防水层； 3. 增设落水口； 4. 排水设施改造
9	轨行区管片拼接缝渗水	1. 管片壁后注浆不充分、同步注浆效果差或隔水层薄弱； 2. 拼接缝中的橡胶止水板老化、丧失止水功能； 3. 嵌缝防水层缺失或老化； 4. 沉降引起防水措施拉裂；	1. 壁后注浆； 2. 化学注浆； 3. 轻微渗水采用填缝、封堵方法

续表

序号	常见病害类型	可能原因分析	应对措施
9	轨行区管片拼接缝渗水	5. 管片二次灌浆不密实； 6. 施工中运输、安装等引起的开裂、破损； 7. 管片在制作时或养护过程中有砂眼、气孔、裂纹等； 8. 管片在运输、拼装或推进过程中受挤压、碰撞，使止水条不能和管片密贴； 9. 止水条间夹杂异物，止水条粘贴不牢，止水条过早浸水膨胀导致止水效果降低； 10. 管片拼装中清理不到位造成管片之间挤压不密实； 11. 螺栓孔等薄弱部位未加防水垫片； 12. 不均匀沉降引起的拉裂等情况	1. 壁后注浆； 2. 化学注浆； 3. 轻微渗水采用填缝、封堵方法
10	轨行区管片掉块、缺角	1. 管片搬运和堆放时造成局部破碎； 2. 管片拼装中造成局部破碎； 3. 盾构机姿态与管片姿态相互关系不一致造成局部破碎； 4. 推进时管片受力不均匀造成局部破碎； 5. 同步注浆量分布不合理导致管片"卡壳"造成局部破碎； 6. 管片质量造成局部破碎、保护层过厚、养护时间不足、裂缝较多、修补部位强度未达到设计要求； 7. 原有裂缝遇水膨胀	管片混凝土植筋修补

续表

序号	常见病害类型	可能原因分析	应对措施
11	轨行区管片裂缝	1. 上盖物业施工影响； 2. 管片拼装时碰撞造成裂缝； 3. 地基不均匀沉降	环氧类灌注胶高压注浆
12	轨行区道床冒泥冒砂	1. 沉降拉裂隧道及防水结构； 2. 淤泥地质原因； 3. 二次注浆不充分； 4. 拼接缝密封胶条未安装到位； 5. 拼接缝密封胶条老化年久失效； 6. 螺栓杆未拧固紧实	1. 壁后注浆； 2. 化学注浆； 3. 螺栓杆拧固
13	轨行区疏散平台破损	疏散平台腐蚀老化或受撞击	更换疏散平台
14	轨行区道床脱空	1. 道床混凝土与基础混凝土存在空隙，列车经过时，受压和震动使道床混凝土下沉，与基础混凝土碰撞和摩擦后，产生粉状物，随着缝隙内的水往排水沟的缝隙内涌出，粉状物雨水即成为泥砂，底下水沿着缝隙往上涌，带出大量的泥砂，久而久之，道床混凝土与基础混凝土之间的空隙越来越大，造成病害； 2. 道床混凝土与基础混凝土脱空后，缝隙内的水不断上涌或下沉，水流运动带走排水沟混凝土底部的颗粒垫层或土质垫层，使底部混凝土脱空，使边沟底部混凝土塌陷，造成病害； 3. 管片二次灌浆不到位	1. 壁后注浆； 2. 化学注浆

续表

序号	常见病害类型	可能原因分析	应对措施
14	转辙机基坑积水	1. 基坑底部防水层薄弱、渗水； 2. 二次浇筑施工缝渗水； 3. 施工缝位置模板未取； 4. 周边设施溢水	1. 改性环氧注浆； 2. 水泥双液浆注浆； 3. 环氧砂浆罩面； 4. 抽排水
16	停车场及车辆段道路故障——网裂、车辙、拥包、坑洞	1. 基础沉降不均匀； 2. 沥青材料不合规； 3. 施工工艺不到位； 4. 年久失修； 5. 雨水浸泡； 6. 超载使用	基层回填，面层修复
17	水淹道床	1. 排水沟堵塞； 2. 机电抽水设备故障； 3. 基坑渗水	1. 排水沟清理； 2. 机电设备维修； 3. 基坑处理
18	结构周边路面塌陷	水流冲击、水土流失	基层回填，面层修复
19	预留口积水	1. 排水口堵塞； 2. 排水设施不健全； 3. 结构裂缝	1. 抽排水； 2. 增设排水设施； 3. 裂缝注浆

3.3 结构裂缝渗漏治理——注浆堵漏施工

隧道的结构裂缝的长期渗漏，会影响隧道的主体结构稳定，易发生沉降变形，因此必须及时封堵。

注浆堵漏法主要适用于极个别出水点、面，或漏水量较大、水流分散、不利于封堵的裂缝。根据裂缝状况确定封堵位置后进行内部注浆，以封闭水流通道及裂缝，抑或达到使水流相对集中，便于封堵的目的。

3.3.1 材料及工具

主材通常采用改性环氧树脂或者快硬水泥浆。材料应具有硬化快、强度高的特点，并且还具有固化后无体积收缩，与原有混凝土粘结强度高的特点。

工具主要有登高作业平台、电钻、毛刷、封堵材料或防水砂浆、止水针头（注浆嘴）、拧固扳手、注浆机、界面清洗剂。

3.3.2 工艺流程

表面清理→钻孔→封缝→埋设止水针头（注浆嘴）→注浆→清理注浆面→洗泵。

3.3.3 施工方法

1. 搭设移动操作平台

搭设可移动装配式钢管操作平台，必须预留通道，保证操作空间内运输工作的正常进行，如图3-1所示。

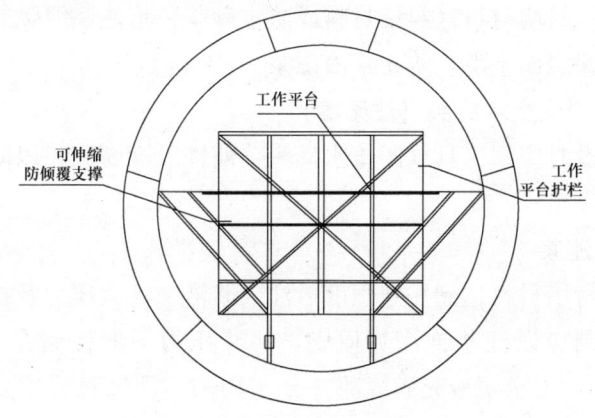

图3-1 隧道工作平台搭设示意图

2. 表面清理

把裂缝左右约10cm的混凝土表面清理干净,找到缝隙的位置及水源。

3. 钻孔

用冲击钻在裂缝两侧钻孔,钻孔应与裂缝相距5～10cm,成30°～45°相交,间隔25～40cm钻孔,深度在8～10cm,孔径大小以止水针头直径为准,如图3-2所示。

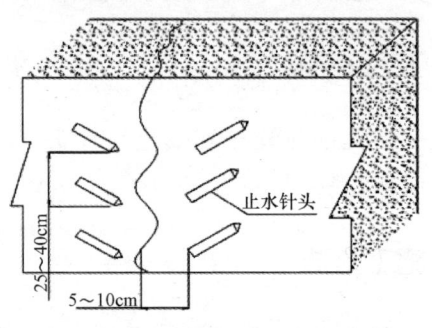

图3-2 槽内钻孔示意图

4. 封缝

采用封堵材料(封堵材料或防水砂浆)将注浆缝隙封堵密实,确保表面平滑,防止浆液漏浆。

5. 埋设止水针头(注浆嘴)

埋设时应用工具紧固止水针头,使橡胶圈膨胀,以防浆液由钻孔溢出。

6. 注浆

等封堵材料达到一定强度后注入浆液。注浆压力及持浆时间的控制应以注浆饱满为原则,注浆压力一般控制在0.3～0.4MPa,力求浆液充满缝隙并分布均匀。注浆过程中要始终注意观察注浆压力和注浆管的变化,可根据周边注浆管流出的浆液情况判断注浆效果。

7. 清理注浆面

注浆结束后，割断注浆管，并将管片表面清理干净。

8. 洗泵

若下次注浆间隔 30min 以上，应及时清洗注浆泵。清洗可用专用清洗剂或丙酮等化学剂。

3.3.4 注意事项

（1）注浆时应佩戴护目眼镜，防止注浆液喷射至眼睛。

（2）埋设止水针头时应保证针头的橡胶部分及孔壁在未使用前干燥，否则在紧固时容易引起打滑，降低注浆效果。

（3）注浆时，应注意注浆方向与次序。一般来说，点漏注浆先注水量较小者，后注水量较大者；环向裂缝原则上由下向上依次注浆，对于紧邻接触网的裂缝或者可能滴漏在钢轨上的渗漏点采取由上向下的注浆顺序；水平或斜裂缝由水量较小端向较大端注浆；面漏由周边向中心依次注浆。

（4）注浆时的压力控制是注浆施工的重要指标，应先进行小段试验，通过不断调整得出较为科学的注浆控制压力值。

（5）压注水泥浆时所选用的注浆管必须有足够的强度，确保浆液在管内流动顺畅。

（6）对于渗水量较大的集中出水点，注意采用疏导和封堵注浆相结合的方法。在出水点上钻孔，深度以不小于 20cm、且不穿透结构层为宜。既可避免注浆时出现浆液超扩散现象，又可疏通出水点周围盘根错节的细微裂隙，起到泄压作用。将孔内的碎石浮碴清理干净，用速凝胶泥把外径为 10～20mm 的塑料软管埋入引水孔内，用砂浆修整口部，使渗漏水处通过注浆由内向外疏导，达到由外向内的浆液填充并封堵。

3.4 变形缝渗漏治理——注浆、引流槽增设施工

由于结构受到变化的土体荷载，同时变形缝受防水设计、材料、施工工艺等影响，极易产生漏水。通常可根据现场环境不同及病害产生原因，可对渗漏部位进行防水注浆堵漏或者引流槽增设处置。具体施工步骤如下：

3.4.1 防水注浆堵漏

1. 材料及工具

登高作业平台、电钻、切割机、钢丝刷、毛刷、PE泡沫条、橡胶软管、快硬水泥、封堵材料、拧固扳手、高压注浆机。

2. 工艺流程

凿缝清理→固定注浆通道及注浆管→注浆堵漏→密封防水→洗泵。

3. 施工方法

（1）搭设移动操作平台。搭设可移动装配式钢管操作平台，必须预留通道，保证操作空间内运输工作的正常进行。

（2）凿缝清理。先将施工缝处凿一条深40mm、宽60mm的"V"形缝，用钢丝刷或毛刷清理混凝土表面的浮渣及钙化物。

（3）固定注浆通道及注浆管。用2.4级以上普通硅酸盐水泥固定注浆通道PE泡沫条，每隔40cm左右埋设一根注浆管，注浆管采用10～13mm的耐压橡胶软管，该管既作为引水管又作为注浆管用。

（4）注浆堵漏。从一侧开始灌注快硬水泥浆，注浆压力控

制在0.3~0.4MPa之间,待注浆的临近注浆孔溢浆时可停止注浆,关闭阀门后至另一孔注浆堵漏,依顺序进行,待全部注浆完毕后观察是否渗漏,如局部仍有渗漏可以从最近的一孔补充注浆直到不漏为止。

(5) 密封防水。采用柔性密封材料进行防水施工,割断注浆管,采用密封剂封堵,并将管片表面清理干净。

(6) 洗泵。若下次注浆间隔30min以上,应及时清洗注浆泵及橡胶软管。

4. 注意事项

(1) 注浆时应佩戴护目眼镜,防止注浆液喷射至眼睛。

(2) 注浆时的压力控制是注浆施工的重要指标,应先进行小段试验,通过不断调整得出较为科学的注浆控制压力值。

(3) 单条变形缝注浆顺序应从边墙至顶板,由低到高。

(4) 当一枚针头灌注较长时间(约5min)未见临近注浆孔溢浆,应暂停注浆,先观察变形缝有无跑浆等异常情况,间隔一段时间后再进行。

3.4.2 引流槽增设

1. 材料及工具

登高作业平台、电钻、不锈钢引流槽(车站施工)或者PVC引流槽(区间施工)、PVC引流管、密封胶、膨胀螺钉、紧固扳手。

2. 工艺流程

变形缝清理→涂抹聚硫密封胶→引流槽安装与密封→引流管安装。

3. 施工方法

(1) 搭设移动操作平台:搭设可移动装配式钢管操作平台,必须预留通道,保证操作空间内运输工作的正常进行。

(2) 变形缝清理：将变形缝位置的浮渣、钙化物等清理干净，保证变形缝处混凝土面的平整。

(3) 涂抹密封胶：在变形缝内涂抹聚硫密封胶，确保引流槽与变形缝密封牢固。

(4) 引流槽安装与密封：将引流槽安装在变形缝上，安装时应将变形缝与引流槽中心线对齐，沿水流方向放坡。两翼采用间距为 400～500mm 的膨胀螺钉固定并用密封胶密封。槽身需沿水流方向顺搭，搭接长度不小于 100mm，搭接处应采用密封胶密封。槽口端部需超出变形缝端部 200mm，变形缝端部遇墙或顶板时应该做好端部密封。

(5) 引流管安装：在引流槽最低处端口设置引流口，安装 PVC 引流管至排水管网，引流管采用间距为 400～500mm 的膨胀螺钉固定，宜紧贴顶板或侧墙安装。

4. 注意事项

(1) 变形缝处混凝土面应保证平整并清理干净。

(2) 为了便于清理顶板位置的引流槽中沉积的水垢，可将引流槽与顶板间距 100～150mm 安装，但需加密膨胀螺钉至 300～400mm。

(3) 引流槽注意放坡方向，不得逆坡。

(4) 引流槽和引流管安装完成后应进行流水试验，确保流水顺畅且不得漏水。

3.5 预埋件、穿墙管渗漏治理——填塞封堵施工

3.5.1 材料及工具

电钻、切割机、吹风机、毛刷、水泥防水砂浆、抗压密封

剂、水灰桶、堵漏材料、防水涂料。

3.5.2 工艺流程

切割开槽及清理→填塞止水堵漏材料→涂刷防水涂料。

3.5.3 施工方法

1. 切割开槽及清理

将渗漏位置沿预埋件按穿墙管形状切割开槽，清除锈蚀预埋件，根据现场环境用清水或吹风机清除松散混凝土和浮渣，直至露出新鲜混凝土。

2. 填塞止水堵漏材料

在预埋件或穿墙管与墙体间嵌填密封剂或灌注堵漏浆液，务必堵塞严实，确保无渗漏后，在表面分层抹压聚合物水泥防水砂浆或抗压密封剂，直至与基面齐平，也可用密封材料嵌缝。

3. 涂刷防水涂料

在预埋件或管道外250mm范围涂刷防水涂料，也可采用灌注堵漏浆液的方法处理。

3.5.4 注意事项

（1）对于预埋件、穿墙管有锈蚀、损坏的，应先进行除锈、更换等处理，再封堵渗漏水位置。

（2）对于有明显渗漏水的孔洞和缝隙，应先按孔洞和裂缝渗漏水处理的方法，逐个进行止水处理。

（3）对于管道穿透内墙部位渗漏水，可将穿管孔剔凿扩大，然后埋设预制半圆套管，在管道与套管的空隙处用注浆法进行堵塞。

3.6 蜂窝渗漏治理——涂刮防渗剂、注浆堵漏施工

隧道中常见蜂窝渗漏水，通常视渗漏水量确定处理方式。遇有大面积渗漏水时，应采用注浆方法处理，根据渗漏水情况在结构上布置注浆孔，可布点成梅花形、三角形或一字形，然后进行注浆处理，以在结构内部形成防水帷幕，也可在注浆前采用抗压密封剂大面积抹面，待防水涂层强度达到要求后，再注浆堵水。注浆工艺详见本章3.3节内容。

对于混凝土大面积的冒汗式轻微渗水，可采用刮涂防渗剂施工。

3.6.1 材料及工具

登高作业平台、磨光机、钢丝刷、毛刷、刮板、抗压密封剂、抗渗漏剂。

3.6.2 工艺流程

表面清理→刮涂防渗剂。

3.6.3 施工方法

1. 表面清理

将基层表面采用钢刷、磨光机等处理平整光滑，凹凸不平处用水泥砂浆填平、压平抹光。除去基层表面灰尘、油污等，以利防水层粘结牢固。

2. 刮涂防渗剂

在混凝土背水面用刮板涂抹抗压密封剂。一般施工2～3遍，直至不见水影为止。对于冒汗、洇湿等水压较小的慢渗漏水，可于背水面涂刮抗渗漏剂，使表面形成一层不透水的覆盖层，起到防渗作用。

3.6.4 注意事项

（1）大面积渗漏水治理无法在迎水面进行，应在背水面施工。

（2）对于有明显渗漏水的孔洞和缝隙，应先按孔洞和裂缝渗漏水处理的方法，逐个进行止水处理。

3.7 防水卷材施工

目前常见的CPS反应粘结型湿铺防水卷材施工，采用水泥凝胶（素水泥浆）与基层粘结的施工方法，适用于车站的屋面、地下室等渗漏水治理，以及隧道区间的洞门圈防水等防水等级较高、施工环境较差、潮湿的防水工程。

3.7.1 材料及工具

钢丝刷、扫帚、平铲、锤子、铁抹子、电动搅拌器、配料桶、塑料刮板、橡胶压辊、剪刀或裁纸刀、卷尺、热风枪或喷枪、水泥凝胶、防水卷材。

3.7.2 工艺流程

基层找平→基面清理→配制水泥素浆→弹基准线试铺→铺

贴卷材→水泥素浆刮涂→卷材铺贴→辊压排气→卷材搭接、收头密封→成品养护及保护。

3.7.3 施工方法

1. 基层找平

刮除表面风化混凝土结构面，若发现基层有鼓泡、分层、起皮、蜂窝、麻面的必须凿除重新进行修补。对于凹凸位置可采用1∶2水泥砂浆找平。阴阳角应采用水泥砂浆抹成圆弧形，阴角最小半径50mm，阳角最小半径20mm。基层表面应坚实、平整。

2. 基面清理

清除基层表面杂物、油污、砂子以及凸出表面的石子、砂浆疙瘩等，节点部位可用吹风机辅助清理。若基面较干燥，需洒水充分润湿，若有明水，应扫除。确保基层表面应干净、并充分湿润无积水。

3. 配置水泥素浆

按水泥∶水＝2∶1（质量比），先按比例将水倒入原已备好的拌浆桶，再将水泥放入水中，浸泡15～20min并充分浸透后，把桶面多余的水倒掉；然后加入水泥用量的5%～8%聚合物建筑胶（保水剂），用电动搅拌机进行搅拌，搅拌时间5min以上。

4. 弹基准线试铺

根据施工现场状况，进行合理定位，确定卷材铺贴方向，在基层上弹好卷材控制线，依循流水方向从低往高进行卷材试铺。

5. 水泥素浆刮涂

水泥素浆刮涂厚度视基层平整情况而定，一般为2～

3mm，过薄达不到最优粘结效果，过厚则水泥素浆堆积宜开裂。刮涂时应注意压实、抹平。刮涂水泥素浆的宽度比卷材的长、短边宜各宽出100mm，并在刮涂过程中注意保证平整度。

6. 卷材铺贴

检查所有卷材面有无撕裂、刺穿、气泡情况，维修时将缺陷部位清理干净，并严格按缺陷部位尺寸重新再铺贴卷材，边缝用CPS密封膏封边处理。

（1）滚铺法：将卷材对准基准线试铺，在约5m长处用裁纸刀将隔离纸轻轻划开，注意不要划伤卷材，将未铺开卷材隔离纸从背面缓缓撕开，同时将未铺开卷材沿基准线慢慢向前推铺。边撕隔离纸边铺贴，铺贴好后再将前面试铺剩余的约5m长卷材卷回，依上述方法粘贴在基层上。

（2）抬铺法：把已剪好的卷材反铺于基面上（即是底部隔离纸朝上），待剥去卷材全部隔离纸后，再将水泥素浆刮涂在卷材粘结面和基面待铺位置，然后分别由两人从卷材的两端配合抬起，翻转和铺贴在待铺位置上。卷材与相邻卷材之间为平行搭接，待长、短边搭接施工时再揭除上下卷材搭接隔离膜。

7. 辊压排气

待卷材铺贴完成后，用软橡胶板或辊筒等从中间向卷材搭接方向另一侧刮压并排出空气，使卷材充分满粘于基面上。搭接铺贴下一幅卷材时，将位于下层的卷材搭接部位的隔离纸揭起，将上层卷材对准搭接控制线平整粘贴在下层卷材上，刮压排出空气，充分满粘。

8. 搭接封边、收头密封

（1）单面粘卷材搭接边施工：短边相邻卷材之间为平行搭接，用CPS胶粘带盖条加温粘结（屋面胶粘带盖条宽度100mm，地下室胶粘带盖条宽度160mm）。长边为加温自粘搭接,搭接宽带不小于80mm。大面积铺贴完成后24h再进行搭接边施工,施工时清理干净搭接边部位的泥浆及灰尘,再揭除上下卷材搭接隔离膜(短边不用撕隔离膜),用热风枪边加温边粘结。

(2) 双面粘卷材搭接边施工:直接将上下卷材搭接处的隔离膜撕开,搭接边刮涂(大面积涂刮水泥素浆时同时施工)水泥素浆胶搭接在一起,直接用水泥素浆封口,长、短边搭接宽度不小于80mm,最后用水泥素浆抹平封死。

9. 成品养护及保护

晾放24h至48h(具体时间视环境温度而定,一般情况下,温度越高所需时间越短)。高温天气下,防水层应防止暴晒,可用遮阳布或其他物品遮盖。

3.7.4 注意事项

(1) 查找墙面裂、沟、点隙,准确定位渗漏点位置,特别是二次结构面,做到查无遗漏。有明显渗漏点的应该先对漏点注浆处置。

(2) 撕剥卷材隔离纸时,已剥开的隔离纸宜与粘结面保持45°~60°的锐角,防止拉断隔离纸,尽量保持在自然松弛状态,但不要有皱折。

(3) 卷材防水层的基层应坚实,表面应洁净、平整,不得有空鼓、松动、起砂和脱皮现象。

(4) 卷材防水层的搭接缝应粘结牢固,密封严密,不得有皱折、翘边和鼓泡等缺陷。

(5) 防水层的收头应与基层粘结并固定牢固,缝口封严,不得翘边。

(6) 侧墙卷材防水层的保护层与防水层应粘结牢固、结合紧密，厚度均匀一致。

3.8 防水涂料施工

3.8.1 材料及工具

电动搅拌器、拌料桶、油漆桶、塑料刮板、刮板、油漆刷（刷底胶用）、滚动刷（刷底胶用）、抹子、油工铲刀、笤帚、底胶、防水涂料。

3.8.2 工艺流程

清扫基层→涂刷底胶→细部附加层→第一层涂膜→第二层涂膜→第三层涂膜→蓄水试验。

3.8.3 施工方法

1. 清扫基层

用铲刀将粘在找平层上的灰皮除掉，用扫帚将尘土清扫干净，尤其是管根、地漏和排水口等部位要仔细清理。如有油污时，应用钢丝刷和砂纸刷掉。表面必须平整。

2. 涂刷底胶

将底胶按比例配合搅拌均匀，用滚动刷或油漆刷蘸底胶均匀地涂刷在基层表面，涂刷后干燥 4h 以上，手感不粘时才能进行下一工序的操作。

3. 细部附加层

将防水涂料按比例混合搅拌均匀，用油漆刷蘸涂料在容易漏水的薄弱部位均匀涂刷，不得漏刷。

4. 第一层涂膜

将防水涂料按比例配合后，倒入拌料桶中，用电动搅拌器搅拌均匀（约 4min），用橡胶刮板或油漆刷刮涂一层涂料，厚度要均匀一致，刮涂量以 $0.8 \sim 1.0 kg/m^2$ 为宜，从内往外退着操作。

5. 第二层涂膜

第一层涂膜后，涂膜固化到不粘手时，按第一遍材料配比方法，进行第二遍涂膜操作，为使涂膜厚度均匀，刮涂方向必须与第一遍刮涂方向垂直，刮涂量与第一遍相同。

6. 第三层涂膜

第二层涂膜固化后，仍按前两遍的材料配比搅拌均匀涂膜材料，进行第三遍刮涂，刮涂量以 $0.4 \sim 0.5 kg/m^2$ 为宜。

7. 蓄水试验

涂膜防水完成后应进行检查，验收合格后可进行蓄水试验，满足 24h 无渗漏方可进行面层施工。

3.8.4 注意事项

（1）施工操作时应按材料说明的比例进行配合，操作场地要防火、通风，操作人员应戴手套、口罩、眼镜等，以防溶剂中毒。

（2）在操作过程中根据当天操作量配料，不得搅拌过多。如涂料黏度过大不便涂刮时，可加入少量二甲苯进行稀释，加入量不得大于乙料的 10%。如甲、乙料混合后固化过快，影响施工时，可加入少许磷酸或苯磺酚氯化缓凝剂，加入量不得大于甲料的 0.4%；如涂膜固化太慢，可加入少许二月桂酸二丁基锡作促凝剂，但加入量不得大于甲料的 0.3%。

（3）防水涂料施工完成后，要加以严格保护，在保护层未做之前,任何人员不得进入,也不得在现场堆积杂物,以免损坏防水层。

3.9 隧道结构缺陷治理——混凝土修补施工

隧道施工中缺陷及运营中温度变化造成的掉块现象较为普遍。对于此类混凝土结构缺陷,可采取双快混凝土修补,满足隧道运营时效性与结构安全性。

3.9.1 材料及工具

主材通常采用快硬水泥浆。材料应具有硬化快、强度高的特点,同时还具有固化后无体积收缩、与原有混凝土粘结强度高的特点。

其他材料及施工工具有电动搅拌器、拌料桶、油漆桶、塑料刮板、刮板、油漆刷(刷底胶用)、滚动刷(刷底胶用)、抹子、油工铲刀、笤帚、底胶、防水涂料、登高作业平台、磨光机、钢丝刷、毛刷、刮板、抗压密封剂、抗渗漏剂。

3.9.2 工艺流程

破除松动混凝土→清理基面→置钢筋网片→支模→混凝土填补→拆模→混凝土表面修补。

3.9.3 施工方法

1. 搭设移动操作平台

搭设可移动装配式钢管操作平台,必须预留通道,保证操作空间内运输工作的正常进行。

2. 破除松动混凝土

人工凿除已破裂松动的混凝土，剔除已剥落的碎块，露出新断面并凿毛，用钢刷清理已凿出的新断面，不允许有松动的混凝土块残留。有钢筋的位置应将破损面积内钢筋全部凿至外露，除净表面浮物，有铁锈的钢筋应将表面锈迹打磨完全，增加混凝土的握裹力。

3. 清理基面

将混凝土基面污物清理干净，使层面无尘、无松散颗粒、油污等。

4. 布置钢筋网片

若受损部位未露出管片钢筋网，则利用电锤以 140mm 间距在受损区域钻孔，然后在钻孔位置植入 $\phi6$ 钢筋做成的钢筋棍，长度不得露出原管片混凝土表面，预留 4mm 保护层。

若受损部位已露出管片钢筋网，则利用 $\phi6$ 钢筋做成钢筋棍与管片钢筋焊接。钢筋棍根据受损面的大小以 40～100mm 间距在受损区域梅花型布设，方向与管片钢筋面垂直，长度不得露出原管片混凝土表面，预留 4mm 保护层。然后在原管片混凝土表面以内布设双层 $\phi6@2\times2$（cm）钢筋网片，同时与钢筋棍焊接固定。

5. 支模

根据作业点实际情况设置模板。对于侧墙混凝土掉块，应设置相应尺寸模板；对于轨行区顶部掉块，为了确保混凝土密实度，确保新补料的稳定性，可定制不锈钢模板，用膨胀螺钉固定在作业面上，施工结束后保留。管片之间采用定制弧度模板间隔出空隙。

为了保证管片修复后的外形，形成管片的外缘，可在管片的外缘粘贴一块厚度为 1mm 的黏性泡沫塑料片；凹槽的形成可采用与管片半径及外形相同的金属条或者在混凝土初凝强度达到前拉毛成型。

6. 混凝土填补

吹净浮尘，将调配好的快硬混凝土用抹刀分层涂抹修补面。为了更好地控制新混凝土的密实度及与凿出的新断面结合良好，每次填补快硬混凝土的厚度应控制在 4cm 左右，待已填补的混凝土达到一定的强度后再进行下一次的填补工作。

7. 拆模

混凝土达到初凝强度后，即可拆除模板。

8. 混凝土表面修补

填补完成后，用灰匙压平修补表面。待填补水泥混凝土达到一定的初凝强度前，再用磨光机修整，使修补处和管片整体平整、光滑成一体，与管片颜色一致。

3.9.4 注意事项

（1）成型隧道内的管片破损的修补时，如破损面渗漏水需先进行止水后再进行管片修补。

（2）对于混凝土剥落体积较大、基层修补粘合性较差的破损面应采取粘贴钢钎维，提高修补面的抗拉、抗剪强度，降低施工难度，防止修补面后期开裂。

（3）因施工环境限制，在隧道内修补较大破损时，破损处采用钢筋网片连接或植筋的方法固定，快硬混凝土需稠度适当，降低流动性。

3.10 混凝土缺陷治理——混凝土现浇施工

结构中常见的混凝土结构破损多出现在桥梁梁体、墩柱、车辆段场内股道基座等位置，大部分为小体积混凝土。结构养护因为运营的要求，作业时间有限，养护时间短，多采用快速混凝土成型。可以采取以下现浇混凝土施工工艺流程。

3.10.1 材料及工具

混凝土振捣器、电钻、毛刷、模板、拧固扳手、$\phi 6$钢筋、抹子、灰桶、水泥砂浆、界面处理剂。

3.10.2 工艺流程

基层处理→搅拌→植筋→支模→浇筑及振捣→拆模→养护。

3.10.3 施工方法

1. 基层处理

（1）凿除构件中的蜂窝或空洞部分，对修补部位凿毛处理，并使老混凝土表面保持湿润、清洁不沾灰尘。

（2）为使新老混凝土结合良好，应在界面上涂抹一层水泥砂浆或其他界面处理剂。

2. 搅拌

采取现场人工搅拌，现拌现用。因结构养护施工多选用快速混凝土，需根据需求和施工现场进度控制拌和量。

3. 植筋

若受损部位已露出钢筋网或钢筋笼,则利用 $\phi 6$ 钢筋做成钢筋棍与原钢筋焊接。钢筋棍根据受损面的大小以 $40\sim100\mathrm{mm}$ 间距在受损区域梅花型布设,方向与管片钢筋面垂直,长度不得露出原混凝土表面,预留 4mm 保护层。然后在原管片混凝土表面以内布设双层 $\phi 6@2\times 2$ (cm)钢筋网片,同时与钢筋棍焊接固定。

4. 支模

(1) 在混凝土浇筑前,依据原混凝土结构形状支模,绑扎结实,确保模板的标高、位置、尺寸、强度和刚度,钢筋和预埋件的位置、数量和保护层厚度符合要求。

(2) 清除模板内的杂物和钢筋的油污,对模板的缝隙和孔洞应堵严。

(3) 对木模板应用清水湿润,但不得有积水。

5. 浇筑及振捣

(1) 在浇筑竖向结构混凝土前,可先在底部填入与混凝土内砂浆成分相同的水泥砂浆。

(2) 用铁锹将混凝土均匀入模。大体积混凝土分层浇筑,每次浇筑高度不应超过 1m。

(3) 浇筑中不得发生离析现象,当浇筑高度超过 3m 时,应采用串筒、溜管或振动溜管使混凝土下落。

(4) 从下往上采用人工敲击模板,边浇筑边敲击,有效控制表面气泡、蜂窝、麻面产生。

6. 拆模

混凝土强度达到 4MPa 以上拆除混凝土模板,混凝土不粘模、不掉角、不裂缝。

7. 养护

普通混凝土常温下及时喷水养护,养护时间不少于 7d,

浇水次数应能保持混凝土湿润。快速混凝土无需水养。

3.10.4 注意事项

（1）混凝土搅拌均匀，冬期施工原材料需加热，可采用温水搅拌。掺防冻剂混凝土出机温度不得低于10℃，入模温度不得低于4℃。

（2）混凝土浇筑表面不得留有积水。

（3）在混凝土浇筑过程中应经常观察模板、支架、钢筋、预埋件、预留孔洞的情况，当发现有变形、移位时，应及时采取措施进行处理。

（4）混凝土浇筑后，应保证混凝土均匀密实，充满整个模板空间，新旧混凝土结合良好。拆模后，混凝土表面平整光洁。

（5）为保证混凝土的整体性，浇筑混凝土应连续进行。当必须间歇时，其间歇时间宜缩短，并应在前层混凝土凝结前将次层混凝土浇筑完毕。混凝土运输、浇筑及间歇的全部时间不应超过混凝土的初凝时间。

（6）在降雨雪时，不宜露天浇筑混凝土。

（7）冬期施工拆除模板及保温层，应在混凝土冷却至4℃以后，拆模后混凝土表面温度与环境温度差大于14℃时，表面应覆盖养护，使其缓慢冷却。

3.11 结构裂缝治理——碳纤维布加固施工

对于桥梁梁、板、墩等重要的抗弯、抗剪受力构件的裂缝治理与加固，可采用碳纤维布粘贴法。将碳纤维布沿受拉方向或垂直于裂缝方向粘贴在要补强的结构上,形成一个新的复合体,使增强粘贴材料与原有钢筋混凝土共同受力以增大结构的抗裂或抗剪能力,提高结构的强度、刚度、抗裂性和延伸性。该法具有节省空间,施工简便,且耐腐蚀、耐久性能好等特点。

3.11.1 材料及工具

角磨机、砂纸、砂轮、丙酮、钢丝刷、毛刷、环氧砂浆、水泥浆、滚筒、刮刀、碳纤维布、浸渍树脂、高压注浆机。

3.11.2 工艺流程

混凝土表面处理→钢筋除锈→基面处理→环氧砂浆修补→涂刷底胶及找平→粘贴碳纤维布→树脂及水泥浆封面。

3.11.3 施工方法

1. 混凝土表面处理

将混凝土劣化层(包括浮浆、风化层)凿除,直至露出粗骨料。如有裂缝,对裂缝宽度大于 0.2mm 的裂缝要用环氧树脂进行封闭。

2. 钢筋除锈

对于出露钢筋进行除锈,先用砂纸或砂轮对钢筋表面进行打磨,直至露出金属本色。然后对出露钢筋用丙酮清洗,进行二次除锈。

3. 基面处理

用钢丝刷刷去表面松散浮渣,用压缩空气除去粉尘,用水冲洗干净基面。

4. 环氧砂浆修补

为保持良好的粘结力，在浇筑环氧砂浆时应在基面上涂一层环氧基液，基液厚度不超过 1mm。基液涂抹完毕后需间隔 30~60min，使基液中的气泡清除后方可涂抹环氧砂浆。

5. 涂刷底胶及找平

按比例准确配制好底胶并搅拌均匀，注意一次调和量应在可使用时间内用完。超过时间的底胶绝对不能使用，以确保粘结质量。用滚筒或刷子将底胶均匀地涂抹在基面上，注意直横均匀涂抹，自然风干。底胶硬化后，对表面有凸起部分要用磨光机或砂纸打光，待底胶指触干燥后进入下道工序。若发现粘贴面上有凹入部分，应用找平胶进行修补，保证粘贴面的平整，以确保加固效果。

6. 粘贴碳纤维布

在待粘贴面上划出各层（片）的位置，根据现场施工经验和作业空间确定下料长度，若需要接长时，搭接长度不小于 20cm。粘贴碳纤维布时，以滚筒压挤贴片，使碳纤维布与浸渍树脂充分结合。同时以压板去除气泡，及时观察贴片是否粘贴密实，若发现有间隙或气泡，应及时处理。

7. 树脂及水泥浆封面

粘贴完碳纤维布后，及时在其表面再直横均匀涂抹一层浸渍树脂，自然风干；确保贴片表面已充分风干结合后，在其表面均匀涂刷一层水泥浆，以保证各层胶的耐久性和颜色与混凝土相协调。

3.11.4 注意事项

（1）环氧砂浆修补时，为了便于涂抹可在基液中加入少量丙酮（3%~4%）。

(2) 环氧砂浆应分层涂抹，每层厚度可控制在 0.3～0.4cm，每次涂抹需用力压紧，使环氧砂浆表面平整。待环氧砂浆表面干燥后尽快进行下一道工序的施工。

(3) 粘贴碳纤维布时，应根据设计位置由上而下、由左至右有秩序地粘贴。

(4) 树脂及水泥浆封面时，浸渍树脂必须干透才能开始下一道工序。

3.12 结构裂缝治理——粘钢加固施工

3.12.1 材料及工具

冲击电锤及扁铲、手锤、角磨机、金刚石磨片、砂轮片、空压机、棉布、丙酮、搅拌器、容器、扳手、时钟、温度计衡器、腻子刀。

3.12.2 工艺流程

粘贴面处理→加压固定→胶粘剂配制→涂胶及粘贴→固化、卸加压固定系统→维护。

3.12.3 施工方法

1. 粘贴面处理

混凝土面应凿除粉饰层，清除油垢、污物，然后用角磨机打磨除去 1～2mm 厚表层，较大凹陷处用找平胶修补平整，打磨完毕用压缩空气吹净浮尘，最后用棉布蘸丙酮拭净表面，待粘贴面完全干燥后备用。

钢板粘贴面应用角磨机进行粗糙、除锈处理,直至打磨出现光泽,使用前若钢板粘贴面洁净仅用干布擦拭即可,否则可用棉布蘸丙酮拭净表面,待完全干燥后备用。

2. 加压固定

(1) 加压固定宜采用千斤顶、垫板、顶杆所组成的系统,该系统不仅能产生较大压力,而且加压固定的同时卸去了部分加固构件承担的荷载,能更好地使后粘钢板与原构件协同受力,加固效果好,施工效率较高。

(2) 加压固定也可采用膨胀螺栓、角钢、垫板所组成的系统,该系统需要在加固构件上合适位置钻孔固定膨胀螺栓,但仅能产生较小压力,不能产生卸荷效果,适合侧面钢板的粘贴。

3. 胶粘剂配制

取洁净容器(塑料或金属盆,不得有油污、水、杂质)和称重衡器,按说明书配合比混合胶粘剂,并用搅拌器搅拌约5~10min至色泽均匀为止。搅拌时最好沿同一方向搅拌,尽量避免混入空气形成气泡,配置场所宜通风良好。

4. 涂胶及粘贴

胶粘剂配制好后,用腻子刀涂抹在已处理好钢板面上(或混凝土表面),胶断面宜成三角形,中间厚3mm左右,边缘厚1mm左右,然后将钢板粘贴在混凝土表面,用准备好的固定加压系统固定,适当加压,以胶液刚从钢板边缝挤出为度。

5. 维护

加固后钢板宜采用20mm厚M15水泥砂浆抹面保护,也可采用涂防锈漆保护,以避免钢材被腐蚀。

3.12.4 注意事项

加压固定时加固构件所承受的活荷载如人员、办公机具宜暂时移去,并尽量减小施工临时荷载。

3.13 转辙机基坑积水治理——水泥浆灌浆施工

转辙机基坑渗水严重无法及时排水,会导致基坑内水位上升,浸泡损坏转辙机。转辙机基坑内道混凝土高度都为30cm,基坑深度为24cm,再以下为100cm厚度大体积混凝土,施工时为分层分次浇筑,渗水都从分层浇筑的施工缝内渗出,流至基坑内而造成积水。

可以根据现场情况采用两种施工工艺。主要采用钻孔埋管,注入水泥浆液。若因为混凝土空隙宽度不足导致注浆不成功,则采用高压注入结构补强型灌缝胶。

3.13.1 材料及工具

水泥42.5级、水玻璃、止水剂、水泥浆、注浆液(配比为水泥浆:水玻璃:止水剂=1:1:0.1)、水泥浆搅拌机、水泥浆注浆泵、冲击钻。

3.13.2 工艺流程

钻孔→埋注浆管→注浆液配置→注浆→拆除注浆头→洗泵。

3.13.3 施工方法

1. 钻孔

(1) 钻孔孔径为 4.6cm,深度为 40cm,采用水钻钻机开孔,成孔速度快。

(2) 成孔后,清理孔内杂物,孔口位置的水迹等全部清理干净。

2. 埋注浆管

(1) 注浆孔布置:单个转辙机基坑埋设 7 个注浆孔,钻孔直径为 4.6cm,注浆管直径为 3.3cm。如图 3-3 所示。

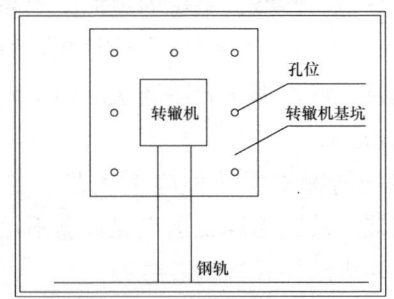

图 3-3 注浆孔布置平面图

(2) 单根固定式注浆管长度为 40cm,端部设球阀一只,用于注浆后关闭防止浆液倒流,设活接公头一只,方便输送端的注浆管与其连接。

(3) 将固定式注浆管放入孔内,孔的中心与注浆管的中心位置重合,使注浆管保持在孔位的正中位置,再用海绵塞入孔与注浆管之间的空隙,要求密实、无渗漏,为灌注快速混凝土做好准备。

(4) 搅拌快速混凝土,灌注开孔与注浆管之间的空隙,灌注深度为 14cm 左右，确保封闭性良好。

灌浆施工示意图如图 3-4 所示。

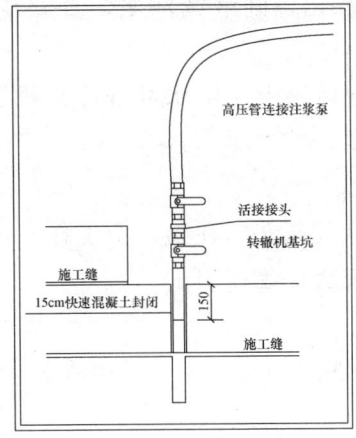

图 3-4　灌浆施工示意图

3. 注浆

（1）先用自来水进行试运行，检查出浆口、压力表等是否正常，整个机器是否运行正常。

（2）将出浆口与固定式注浆管头连接，试灌少量水，观察隔壁的固定式注浆管是否有水渗出，检查基坑附近结构混凝土部位是否有水渗出，以便正式灌浆时采取相应的措施。

（3）注浆按压力表读数分段进行，注浆压力为 0.4～2.0MPa。压力表读数达到 0.4MPa 时，停顿 10s，压力下去后继续灌注；压力表读数再次达到 0.4MPa 时，再停顿 10s，如此反复 3 次后，让压力表读数继续上升，到达 1.0MPa 时，停顿 10s，按上述方法重复 3 次。

（4）注浆过程派专人观察临近孔位上的注浆头是否有浆液渗出等情况，周边结构混凝土上是否有浆液渗出，监控轨道下的道基混凝土结构上是否有浆液渗出等情况。

（5）如有大量浆液渗出时，关闭注浆机，进行下一孔位的注浆，如无浆液渗出，则继续注浆，直到压力表读数到达2MPa为止。

（6）注浆完成后马上用清水冲洗注浆机及管道、注浆头等，以免堵塞管道。

4. 拆除注浆头

预埋的固定式注浆头，在第二个工作日进行拆除。拆除后，混凝土面用快速混凝土封闭。

5. 洗泵

如下次注浆间隔30min以上，应用清水及时清洗注浆泵及橡胶软管。

3.13.4 注意事项

（1）注浆钻孔采用钻机成孔，钻机须安装牢固，定位稳妥、固定。

（2）各类设备应就近安装固定管线，不宜过长，以防压力和流量消耗。

（3）钻机成孔插入注浆管后应及时封堵孔口及附近的地面裂缝，以防溢浆。

（4）注浆用的浆液应经过搅拌机充分搅拌均匀后才能开始注浆，并应在注浆过程中不停地缓慢搅拌，搅拌时间应少于浆液初凝时间。浆液在泵送前应经过筛网过滤。

（5）注浆前应进行现场注浆试验，根据实际情况调整注浆参数，确保注浆加固效果。

（6）注浆时按顺序进行，注浆时应加强地表的监控量测，如有异常立即停止注浆，并采取相应应急处置措施。

(7) 注浆施工时，采用压力记录表，并及时对资料进行整理分析。

(8) 注浆过程中尽可能控制流量和压力，防止浆液流失。

(9) 终灌标准要同时满足以下条件：

① 单孔注浆在 2.0MPa 压力时，持续 3~4 次；

② 单孔注浆结束标准，要求少量多次、反复灌浆；

③ 每段注浆都正常进行，注浆压达到终压 2.0MPa 并继续注浆 3min 以上，即可结束本孔注浆。

(10) 机电设备固定就位，不可乱堆放、搬动，电动部分设置网罩，电箱电线应悬挂。

(11) 注浆全过程应做好技术资料和基础数据记录、整理、分析工作。

(12) 注浆过程应加强地面观测记录（水平位移、溢浆点的位置、地面沉陷等）。

3.14 转辙机基坑积水治理——灌缝胶灌浆施工

在转辙机基坑内和外侧周边高压灌注结构补强型灌缝胶，使其道基和行车道板及基础之间的缝隙填满。灌缝胶内掺入少量止水胶，既能满足结构强度的要求，又能满足止水的效果。

3.14.1 材料及工具

90％结构型灌缝胶＋10％防水胶、封堵材料或防水砂浆、纯沥青油、快速混凝土、冲击钻、高压注浆机、磨光机、切割机、电锤。

3.14.2 工艺流程

表面清理→渗漏点临时封堵→钻孔→埋注浆管→注浆→拆除注浆头→基坑封层。

3.14.3 施工方法

1. 表面清理

清理基坑表层松散混凝土及浮层,找出渗漏点,用磨光机对渗漏点表面及周边混凝土进行打磨,清理混凝土渣和积水。

2. 渗漏点临时封堵

注浆开始前,对基坑内的渗漏点进行排查,对基坑内侧的混凝土表面渗漏水点采用封堵材料封堵。

3. 钻孔

(1) 钻孔孔径为 4.6cm,深度为 40cm,采用水钻钻机开孔,成孔速度快。

(2) 成孔后,清理孔内杂物,孔口位置的水迹等全部清理干净。

4. 埋注浆管

按要求布置注浆孔:沿基坑顶部四周,每隔 40cm 设置一个注浆孔;基坑内部,每隔 30cm 设置一个注浆孔;注浆孔深度≥40cm,穿透道基 30cm 厚度混凝土,如图 3-5 所示。

5. 注浆

(1) 注浆头埋好后,相隔一个孔位进行注浆。每注浆一个孔位,观察相邻及周边孔位和缝隙是否有浆液渗出。严密监视渗漏点的出浆情况,如浆液冒出较多,则停止加压注浆;如无浆液渗出,则继续加压注浆。

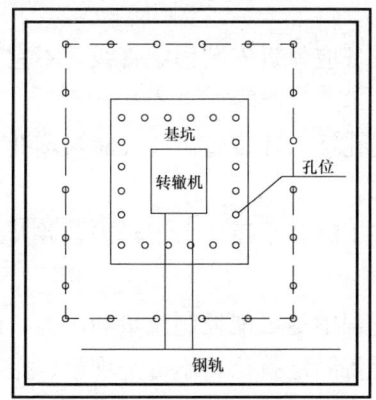

图 3-5 孔位布置图

(2) 结构注浆后还存在渗漏的点位，对渗漏点再次进行补注浆，直至表面不渗漏为止，将注浆浆液改变比例，按结构灌缝胶：止水胶＝1：1的比例混合。

6. 拆除注浆头

注浆结束后观察数日，如无渗漏情况发现，可用封堵堵漏材料进行表面封堵并拆除注浆头。

7. 基坑封层

在基坑内侧、底部和侧面全部范围内，涂刷沥青油料，沥青油料再次起到堵水和防水的双重保险的作用。

3.14.4 注意事项

(1) 注浆结束并判断分析效果良好后，进入下一道工序的施工。若效果不好，则查明原因，重新补注浆。

(2) 注浆时按顺序进行，并应加强地表的监控量测，如有异常立即停止注浆，并采取相应应急处置措施。

(3) 注浆钻孔采用钻机成孔，钻机须安装牢固，定位稳妥、固定。

（4）各类设备应就近安装固定管线，不宜过长，以防压力和流量消耗。

（5）钻机成孔插入注浆管后应及时封堵孔口及附近的地面裂缝，以防溢浆。

（6）注浆施工时，采用压力记录表，并及时对资料进行整理分析。

（7）注浆过程中尽可能控制流量和压力，防止浆液流失。

（8）机电设备固定就位，不可乱堆放、搬动，电动部分设置网罩，电箱电线应悬挂。

（9）注浆全过程应做好技术资料和基础数据记录、整理、分析工作。

（10）注浆过程应加强地面观测记录（水平位移、溢浆点的位置、地面沉陷等）。

3.15 涌水治理——衬砌后背回填注浆施工

当隧道出现涌水等突发状况、地表出现沉降过大的问题时，壁后注浆可以有效解决此类问题。

3.15.1 材料及工具

电钻、毛刷、封堵材料或防水砂浆、注浆钢管、拧固扳手、注浆机、界面清洗剂。

3.15.2 工艺流程

凿孔→预埋注浆管→注浆→场地清理及机具保养。

3.15.3 施工方法

1. 凿孔

在渗水处注浆孔的数量不应少于2个，宜在渗水位置上下各布置2个，以便于排气排水。渗水处的注浆管用电锤钻孔，钻孔直径小于40mm，钻孔深度为二次衬砌厚度，余下部分用人工剔凿，在钻凿时不要损坏防水层。

2. 预埋注浆管

区间纵向每10～20m采用预埋注浆管方法埋管，应根据抢修点实际情况适当调整间距。在渗水点上下4～8cm处各布置两根注浆管，注浆管为直径小于24mm钢管，由一端车丝扣与注浆系统旋塞连接，孔与管间空隙用高强度等级防水砂浆封堵。注浆管应距防水层4～10mm。

3. 注浆

（1）浆液由强度等级为42.5的普通硅酸盐水泥、超细水泥、XPM外加剂组成，水灰比为（1∶1）～（1∶1.4），外加剂掺量为水泥的10%，注浆配合比为水泥∶水∶外加剂＝9∶4∶1，根据现场渗水情况调节配合比，达到一定强度后，从注浆管注入。

（2）渗漏注浆顺序应由低到高，由无水处到有水处，从两头向中间挤压，其余部位依次注浆，确保整体密实。

（3）注浆球阀与吊装孔尺寸相匹配，注浆压力一般为0.16～0.18MPa，注浆速度为4～14L/min，待浆液将缝隙填满后立即封管。

4. 场地清理及机具保养

注浆封管后将场地清理收拾干净,及时用清水冲洗管路和注浆泵。

3.15.4 注意事项

(1) 注浆泵及输浆管各接头要连接牢固,注浆过程中,作业人员应观察接头情况,并避开孔口管位置,避免喷浆伤人。

(2) 注浆管路要牢固,以防松脱伤人。放浆时,要注意安全,人员应避开注浆阀门,防止浆液溅入眼内,时刻注意压力表变化情况,发现异常情况及时处理。

(3) 注浆前要检查泵完好情况,检查周围是否有障碍,人员是否站在安全地点。

(4) 吸水泥浆管及吸水玻璃管做好标记,不能混用,用完后冲洗干净,以防堵管。

3.16 功能门缺陷治理——维护及更换施工

功能门包括人防门、防淹门、防火门等,日常维护主要是清理门四周杂物以免紧急状态下因杂物卡住导致门无法关闭。观察是否有漆层剥落,合页、密封条是否有锈蚀、老化现象,配件是否保持润滑,如发生上述情况需及时维护。

3.16.1 材料及工具

电钻、新门扇、扳手、木楔、岩棉、毛刷、富锌底漆、面漆。

3.16.2 工艺流程

拆除原件→划线定位→立框校正→连接固定→堵塞缝隙→安装门扇→安装五金→清理及涂漆。

3.16.3 施工方法

1. 拆除原件

破除原来已变形损坏的钢门扇及其门框,并对安装位置进行清理。

2. 划线定位

按设计图纸规定的尺寸、标高和开启方向,在洞口内弹出门框的安装位置线。

3. 立框校正

门框就位后,应校正其垂直度(门框与地面不垂直度应不大于2°)及水平度和对角线,按设计要求调整至与安装高度一致,与内、外墙面距离一致,与门框上下宽度一致,而后用对拔木楔在门框四角初步定位。

4. 连接固定

门框用螺栓临时固定,必须进行复核,以保证安装尺寸准确。功能门安装时,要将门扇装到门框后,调整其位置及水平度。在前后、左右、上下六个方向位置正确后,再将门框连接铁脚与洞口预埋铁件焊牢,焊接处要涂上防锈漆。

5. 堵塞缝隙

门框与墙体连接后,取出对拔木楔,用岩棉或矿棉将门框与墙体之间的周边缝隙堵塞严实;根据门框不同的结构,将门框表面留出槽口,用水泥砂浆抹平压实,或将表面与铁板焊接封盖,并及时刷上防锈漆,做好防锈处理。

6. 安装门扇

门框灌浆硬化后,进行调整,安装门扇。

7. 安装五金

安装门锁、合金或不锈钢执手及其他装置等,可按照五金的使用说明书的要求进行安装,均应达到各自的使用功能。

8. 清理及涂漆

安装结束后,应随即将门框、门扇和洞口周围的污垢等清擦干净,根据门扇设计要求涂刷防锈油漆。

3.16.4 注意事项

(1) 门框框口上尺寸允许误差应≤1.4mm,对角线允许误差应≤2.0mm。

(2) 门框调整时应确保门扇关闭后,缝隙应均匀,表面应平整。

(3) 安装后的防火门,要求门扇与门框搭接量不小于10.0mm,框扇配合部位内侧宽度尺寸偏差不大于2.0mm,高度偏差不大于2.0mm,对角线长度之差小于3.0mm,门扇闭和后配合间隙小于3.0mm,门扇与门框之间的两侧缝隙不大于4.0mm,上侧缝隙不大于3.0mm,双扇门中缝间隙不大于4.0mm。

(4) 油漆后的门现场安装后及竣工前要自行检查是否有划伤,如需修补,修补的地方应用保护薄膜做好防护措施,避免污染五金。

3.17 顶棚漏水治理——打胶施工

3.17.1 材料及工具

美工刀、耐候胶、美纹纸、泡沫棒、酒精、擦布、外用吊篮、安全绳、安全带、灰刀。

3.17.2 工艺流程

除胶清理→填塞泡沫棒→粘贴美纹纸→打胶→现场清理。

3.17.3 施工方法

1. 除胶清理

将渗漏水范围内的耐候密封胶铲除，用无腐蚀的清洗剂（酒精）清洗胶条位置，清理干净施工部位，做到无水、无尘、无残留物。

2. 填塞泡沫棒

清理完毕后，填塞相应尺寸的泡沫棒，要求必须填实、平整、饱满。

3. 粘贴美纹纸

胶缝的两边玻璃贴上美纹纸，必须贴直、贴均匀，跨度较大处可先划线，再顺线贴美纹纸。

4. 打胶

胶缝处应用擦布蘸上酒精清洗，再用干净擦布擦干后再打胶。打胶厚度是宽度的 1/2，且不得小于 6mm。

5. 现场清理

撕除美文纸,将多余的耐候密封胶铲除,用无腐蚀的清洗剂(酒精)清洗胶条周边,清理现场残留垃圾,做到"活完、料清"。

3.17.4 注意事项

(1) 打胶须在温度、湿度控制范围内进行,做到压贴紧密,无露空,表面平整、均匀、光滑。

(2) 打胶时应注意胶缝的宽度必须均匀,无大小头等现象。

3.18 防淹门、人防门维护

3.18.1 材料及工具

润滑油、砂纸、钢丝刷、铁砂布、刮板、富锌底漆、面漆、清洗剂、电钻、打磨机、拧固扳手。

3.18.2 工艺流程

打磨除锈→表面清理→油漆→涂油。

3.18.3 施工方法

1. 打磨除锈

对于可敲击除锈的设施,用空压凿刀的平头敲击,去除重锈,再采用粗硬毛的钢丝刷或3号粗铁砂布对除锈表面进行打磨,可见黑色氧化层;对于门边角部位,采用钢丝刷或平锉刀等工具进行处理;对于旧油漆表面锈点,应把锈点及周围10cm处彻底清除干净,看到金属本色。

2. 表面清理

用抹布、棉纱或压缩空气清除旧油漆表面的灰尘、污渍等,保持表面清洁、干燥;对于被油污严重污染区域,应用洗涤剂处理,并用清水冲洗,保持表面的干净。

3. 油漆

根据施工要求涂刷油漆,漆膜厚度应达到要求标准。上面漆前,必须严格按照不同油漆标准,等底层漆膜表面彻底干燥后再刷上层,间隔时间不应过长,使油漆层间的附着力下降。

4. 涂油

在人防门或防淹门转动轴位置及有滑轮位置涂油养护,确保均匀涂抹。对螺栓孔眼附近涂油,并用扳手检查是否紧固。

3.18.4 注意事项

(1) 隧道结构渗水会造成防淹门和人防门锈蚀,需对设备附近渗漏点进行堵漏施工或采取排水施工。设备附近积水对设备使用造成影响,应尽快排水清理,找出水源,或注浆或排水,根据现场实际情况应对,务必保证对行车不造成影响。

(2) 油漆施工前,对涂刷设施的周围或下部无需涂刷此涂料的部位,要施以一定的保护措施,如铺垫、包裹等,防止因涂料四溅造成的污染。

(3) 作业过程中,对设备有拆卸的部位要复位,施工作业垃圾要清除出作业场地。

(4) 除锈清理要全面、无残留痕迹,刷漆应使门表面无明显凸凹。

(5) 施工油漆前，表面必须保持干燥，特别是清洗后的需油漆的表面。

(6) 如果旧漆面坚硬，且有光泽，应先用砂纸拉毛表面，对表面进行清理后再刷漆。

3.19 道路故障治理——沥青施工

车辆段场区域内道路竣工已经超过三年，部分路段相继出现沉降、坑洞、网裂、车辙等现象，为此设计了以下维修方案。

3.19.1 材料及工具

铣刨机、压路机、平板夯、切割机、铁锹、扫帚、灌浆器、裂缝灌注胶。

3.19.2 工艺流程

铣刨面层→基层处理→沥青摊铺→沥青压实→现场清理。

3.19.3 施工方法

1. 铣刨面层

沿破损面外扩 10cm 以上矩形铣刨沥青面层，至露出混凝土铺装层，清除表面的碎屑及粉尘。

2. 基层处理

检查刨开的路面混凝土铺装层，存在裂缝或破损的应根据裂缝及破损程度进行处理。

(1) 对宽度≤0.2mm 的裂缝，用角磨机切割片在裂缝处开"V"形槽，用专用裂缝灌注胶在其表面反复进行涂抹，使胶料渗进裂缝内，达到对裂缝的封闭弥补。

（2）对宽度＞0.2mm 的裂缝，采用恒压灌注法对裂缝进行灌注，以达到对裂缝的弥补。

① 清除裂缝表面的灰尘、油污；

② 确定注入口：一般按 30～40cm 距离设置一个"V"形注入口，注入口位置应尽量设置在裂缝较宽、开口较畅的部位；

③ 封闭裂缝：留出注入口，其余采用封口胶封住裂缝；

④ 安设塑料底座：用专用快干胶将底座粘于注入口；

⑤ 安设灌浆器：将配好的专用灌注胶注入软管中，把装有胶料的灌浆器紧固于底座上；

⑥ 灌浆：松开灌浆器弹簧，确认注入状态，待注入速度降低不再进胶后，可拆除灌浆器，用堵头将底座堵死，如胶料不足可补充再继续注入；

⑦ 表面清理：灌注胶固化后敲掉底座及堵头，清理表面封缝胶，清除表面的碎屑、粉尘以及油污。

此外，对沥青面层病害不严重的部位，可采取如下措施：

（1）对有轻微车辙或纵横向裂缝处，采用切削法平整路面，切削时应有加热工序；

（2）老化产生的裂缝：采用沥青灌封胶灌缝、改性乳化沥青喷雾和沥青砂封面，填充小裂缝、表面孔隙和坑槽。

3. 沥青摊铺

对于沥青修复路面单块面积超过 $200m^2$，周围道路条件允许的情况下，可采用摊铺机摊铺，否则采用人工摊铺。摊铺过程中，作业人员随时对已铺路面的厚度进行调整。

4. 沥青压实

铺筑好沥青混合料后，用钢筒式压路机反复碾压，压路机无法操作的区域可采用平板夯压实,以保证修补区域新老沥青接缝密实、无高差为宜。

5. 现场清理

清理、外运现场沥青铣刨废料,做到"活完,料净"。

3.19.4 注意事项

(1) 铣刨沥青注意做到"圆洞方补、浅洞深补"。
(2) 机械摊铺的沥青混合料严禁人工修整。
(3) 铣刨沥青后的废料清理应及时,不得在现场堆放。
(4) 沥青摊铺前确保路面基层的干燥、干净。

3.20 井体沉降治理——升井施工

3.20.1 材料及工具

铣刨机、压路机、平板夯、切割机、铁锹、扫帚、灌浆器、裂缝灌注胶。

3.20.2 工艺流程

面层铣刨→破除混凝土→拆除旧井→井体维修→安装井具→面层回填。

3.20.3 施工方法

1. 面层铣刨

沿破损沥青面层外扩 10cm 以上刨除井体周围,沥青破除面应规则为矩形或环形。

2. 破除混凝土

采用空压机破除井座周围沉降混凝土,在井内放置隔板。

3. 拆除旧井

旧井井筒拆除到沉降或破损高度以下20cm,用厚塑料布将井筒覆盖,防止杂物落入井内。

4. 井体维修

井体内支模,浇筑混凝土,混凝土强度等级不得小于原混凝土强度等级,混凝土振捣密实。对于砖砌井体,依照原砌筑标准实施。

5. 安装井具

采用"井字工具"挂线安装。井座下用细粒式混凝土铺筑,调整至井具顶面与路面水平。用"井字工具"挂线,挂线距离井具外1m。调整井具顶面与"井字工具"完全水平。用C24混凝土浇筑井具周围至路面高程,并振捣密实。用塑料薄膜覆盖混凝土养护。

6. 面层回填

用细粒沥青混合料铺筑面层,采用小型钢轮压路机或平板夯对井盖周围反复碾压,确保井盖至沥青混合料面层的密实度。

3.21 塌陷治理——土方回填施工

路面塌陷多为结构层下方被水流掏空,土体承载力无法满足要求造成,可根据塌陷面积大小实施处理。

3.21.1 材料及工具

铁锹、扫帚、二八灰土、水泥、黄沙、混凝土、铣刨机、压路机、平板夯、切割机、灌浆器、裂缝灌注胶。

3.21.2 施工方法

（1）先拆除雨水口、雨水支管、路缘石等附属结构。拆除塌陷区域的路面、基层，自原路床顶面向下挖 80cm 后，若土质坚硬则停止下挖，若土质仍湿软，继续向下开挖至坚实土层。遇检查井时，检查井周边 1m 范围内，挖至路床顶面以下 1.2m 处，拆除开挖至雨、污水管管底原状土。

（2）将挖出的含水量过大的土体外弃，将含水量适中的土体掺和白灰现场拌和，随挖随拌和。

（3）挖至管底原状土后，经检测合格后进行回填。回填均采用二八灰土进行回填，每层虚填厚度不大于 24cm。夯实至设计灰土顶面标高后，检测压实度直到符合设计要求为止。

（4）路床以上结构层按原施工标准进行。

（5）待水稳基层养生完毕，恢复沥青混凝土面层。

（6）在修复过程中，雨水口和雨水支管需重新砌筑和安装，严格安装设计图纸进行施工，雨水支管按要求进行 360° C24 混凝土包封。同时雨水管与雨水口、检查井相接处要做好防水，防止雨水通过此处渗入路基。

（7）在修复过程中，按原施工要求安装立缘石、平石，保证立缘石间、平石间、平石与立缘石间砂浆饱满且强度符合规范要求，不被雨水冲刷造成空洞。

3.21.3 注意事项

若为大面积路面塌陷,应分并段对塌陷路面进行处理,避免大面积开挖后雨水泡槽。

3.22 道床脱空治理——灌浆施工

由于列车运行导致地面沉降及隆起,其上的整体道床容易变形,产生裂缝及沉隆,危及行车安全,故需对其进行整治。同时,地下水的渗透作用,在长期受列车行驶动荷载作用后,使道床上下振动而形成抽吸现象,造成水在空隙中反复潜蚀,带走混凝土中骨料,使混凝土逐渐失去强度而松散。

3.22.1 材料及工具

水钻、双液浆、高压注浆机、橡胶抽浆管、注浆钢管、快硬水泥、封堵材料或防水砂浆、拧固扳手。

3.22.2 工艺流程

测量定位→注浆前准备→钻孔→埋管→配制浆液→注浆→拆除注浆管→现场清理。

3.22.3 施工方法

1. 测量定位

根据施工布置图和现场实际情况进行测量放线定位,布置孔位，孔距 1.0m。现场技术人员按施工图及现场实际情况放样，并做好明确标志，放样偏差≤4cm。

2. 注浆前准备

将施工区域内排水沟明水排除，并截流两端排水沟。用清水进行注浆，将缝隙内的淤泥等清出缝隙，等缝隙内溢出清水后，再用双液浆进行注浆。

3. 钻孔

（1）采用水钻钻孔，钻孔孔径为 4cm，注浆管直径为 2.4cm。埋置注浆管用快硬水泥或封堵材料，以减少注浆等待时间。钻孔完成后清理现场，不影响列车运行。

（2）钻孔深度为 40cm，以大于道床混凝土及进入基础混凝土 10cm 以上为准，使浆液能准确地进入道轨混凝土与基础混凝土的缝隙中。

4. 埋管

埋管深度为 20～30cm，注浆管外露 20cm，离开钢轨至少 20cm 以上。

5. 配制浆液

按 A 液：B 液＝1：1 配置浆液。其中，A 液：水泥：粉煤灰：膨润土＝1：0.66：0.44。B 液：波美度为 $34°B_e'$～$40°B_e'$ 的中性水玻璃。要求浆液初凝时间为 4～10min。初凝强度达到 20MPa，终凝强度达到 40MPa。双液浆应具有一定的湿度与流动性，凝固后体积不应有较大的收缩，浆体短时间内不应发生离析现象。

6. 注浆

（1）按照 1m 间距埋置注浆孔，每个道轨横断面埋设两处，加固路段加长时，孔位及孔距依此类推。

（2）沿轨道中心线方向，在两个注浆孔位的中间用冲击钻设置直径 16mm 左右的溢浆孔,观察溢浆孔浆液溢出情况,当溢出浆液均匀、浓稠、无浮渣时,缝隙内注浆饱满。

(3) 注浆孔埋设深度应大于道床混凝土 10mm 左右。

(4) 注浆流量一般控制在 10~20L/min,根据地层及注浆压力进行调整。

(5) 注浆压力控制在 0.1~0.4MPa,注浆时,根据溢浆情况进行调整,以溢浆孔溢出均匀、浓稠浆液为准。

(6) 采用两根独立抽浆管抽浆,到注浆管内进行液体混合,直接进入缝隙,避免双液浆在管道内凝固。注浆管为橡胶管,安装水泥浆流量计有一定的困难,现场采用袋装水泥,带电子秤,用小型搅拌机直接在浆桶内搅拌,严格控制好水泥浆搅拌时的水灰比,专人准确记录用浆量。

(7) 注浆开始后应连续进行,力求避免中断。严格控制注浆压力,同时密切关注注浆量和注浆管的变化,当压力突然变化或道床抬升量超过 2mm 时应立即停止注浆,查明原因并采取措施后重新注浆;当泵压骤增、注浆量减少,多为管路堵塞或被注物不畅,当泵压升不上去,进浆量较大时,应检查浆液黏度和凝固时间。

(8) 事先设置观察孔,观察孔主要作用为排出缝隙内的空气和注浆时观察孔内有无溢浆情况,方便、引导操作人员加压还是暂停注浆,如缝隙内有浓浆冒出后,需停止注浆 4~10min,等浆液凝固后,再进行二次注浆,使缝隙完全填满为止。如缝隙还未填满,采取多次注浆,或第二天继续注浆,直至浆液全部填满缝隙为止。

7. 拆除注浆管

注浆管埋设或注浆后,当晚在工作时间内全部拆除,并清理干净,不得影响行车安全。

8. 现场清理

（1）注浆过程中溢出的水泥浆，同样含有水玻璃成分，一般情况下会在 4～10min 初凝，现场根据初凝情况进行清理外运，特别是排水沟内的溢浆，应在当天或第二天进行清除，以免堵塞排水沟。冲洗后，将从缝隙内清出来的淤泥和其他杂物装袋外运处理。

（2）施工结束后恢复排水沟畅通，检查球阀，确保全部关闭。

3.22.4 注意事项

（1）为缩短埋设后注浆等待的时间，采用快硬水泥或封堵材料埋置注浆管。

（2）施工安装注浆球阀不得超过钢轨轨面。用快硬水泥或封堵材料埋设注浆管到注浆孔，使之不漏水、不漏气。

（3）水泥浆和水玻璃应分开盛放，避免发生反应。

（4）浆液应随拌随注，不得长时间存放已拌好的浆液。

（5）注浆全过程，安排专业人员对轨道顶高程、道板混凝土高程，及相邻道板混凝土板块进行专业测量，如有异常情况，立即停止注浆，严格控制注浆压力。

（6）注浆过程中要始终注意观察注浆压力和注浆管的变化，可根据周边注浆管流出的浆液情况判断注浆效果。

3.23 钢环缺陷治理——除锈施工

钢环除锈、维修的主要工艺与疏散平台除锈、油漆相同，参见本章 3.27 节疏散平台破损治理，结合钢环自身特点，还应注意以下内容：

钢环除锈应采用人工除锈和机械除锈相结合的方法，在钢环的栓钉位置、加强板及其他死角部位可采用钢丝刷和砂纸除锈，务必确保浮锈清除干净。根据现场的实际情况可以把钢环上的除锈部位大致分为环片和锚固件两个部位，对不同的部位应采取具有针对性的除锈措施。

1. 锚固件除锈

锚固件除锈时，由于膨胀螺栓较多，面积小，平面不规则，可采用钢丝刷和砂纸人工除锈。

2. 环片除锈

环片除锈时，人站在搭设的架体上面操作，采用打磨机除锈，环片接缝处采用钢丝刷和砂纸打磨。

3. 表面清理

打磨完成后，应及时将表面的氧化皮、焊渣、焊疤、灰尘、毛刺、铁锈、油污和水迹清除干净。

4. 钢梁防锈

将界面剂用喷壶喷洒在清理干净的钢环表面，喷壶喷不到位的地方采用人工涂刷，涂刷要均匀、不漏刷，防止钢环锈蚀。

5. 质量要求

涂刷完成后，表面不应误涂、漏涂，涂层不应脱皮和返锈。涂层均匀，无明显皱皮、针孔和气泡。全部构件目测检查。

3.24 钢环缺陷治理——膨胀螺栓紧固施工

3.24.1 材料及工具

初拧选用气动扳手或电动扳手，终拧采用液压扭矩扳手。

3.24.2 工艺流程

初拧→终拧→立框校正→连接固定→堵塞缝隙→安装门扇→安装五金→清理及涂漆。

3.24.3 施工方法

1. 初拧

采用气动或电动扳手对高强度螺栓进行初拧,保证螺栓初拧的预紧力在许可的范围内即可,电动或气动扳手两次拧不动后(电动或气动扳手转动,螺母转不动)视为初拧合格。初拧后,用记号笔在螺母、螺栓和板材表面做好标记。

2. 终拧

按照表 3-2 要求的旋转圈数终拧螺栓,当转动螺母时必须控制住螺栓头。终拧完成后,检查螺母旋转角度与表 3-2 中的相比较。

表 3-2 旋转螺母预紧力及螺母旋转角度

螺栓长度	垂直螺栓轴线的两面	垂直螺栓轴线的一面,另一面的斜度不超过 1∶20	垂直螺栓轴线的两面的斜度不超过 1∶20
≤4 倍直径	1/2 圈	1/2 圈	2/3 圈
超过 4 倍直径但不超过 8 倍直径	1/2 圈	2/3 圈	5/6 圈
超过 8 倍直径但不超过 12 倍直径	2/3 圈	5/6 圈	1 圈

注:1. 无论是旋转螺母或螺栓,对于要求的旋转 1/2 圈螺母(螺栓),允许公差为 30°;对于要求的 2/3 圈甚至更多圈的螺母(螺栓),允许公差为 45°;

2. 仅用于钢板联接;

3. 当螺栓长度超过 12 倍的螺栓直径时,需要通过模拟试验来确定螺母旋转角度;

4. 没有使用斜垫圈。

3.24.4 注意事项

为使螺栓群中所有螺栓都均匀受力,初拧和终拧都应从栓群中间顺序向外侧进行紧固。

3.25 排水堵塞治理——排水沟新增施工

车站及区间结构中常见排水不畅导致积水,通常可沿边墙脚在道床边缘增开或加大水沟,一般设置尺寸为宽14cm、深8cm,用以收集排水管落水和墙面渗水,实现有效排水。或于车站两端及主要排水管口开设横沟,一般设置尺寸为宽20cm、深8~10cm,连通边沟与原有中心水沟,将水向中心水沟排出。

3.25.1 材料及工具

切割机、防水剂、快硬混凝土、钢丝网、电钻、扫帚、毛刷、封堵材料或防水砂浆、榔头、拧固扳手、钢丝钳。

3.25.2 工艺流程

切凿水沟→清理切割面→砌筑临时引流沟槽→抹防水砂浆→横向水沟面层处理。

3.25.3 施工方法

1. 切凿水沟

(1) 依据要求定位放样,确定切割宽度,两台切割机由上下行同时开始,确保切割平直,宽度一致。

(2) 由于水沟成细长形,沟底坡度根据现场水量大小控制,水量小可与道床原有坡度相同,水量大时在原有道床坡度上适量加大。

(3) 可对长期排水量较大的排水管可直接增设横向水沟。

(4) 机械切割完成后,进行人工凿除被切混凝土。

2. 清理切割面

根据现场环境用清水或吹风机清除松散混凝土和浮渣,露出沟槽新鲜混凝土。

3. 砌筑临时引流沟槽

抹浆前对水沟内水流作临时引流措施,主要是以快凝快硬水泥临时筑沟,使工作区内无积水。

4. 抹防水砂浆

防水砂浆配合比为 1∶2,按 4‰掺加防水剂。考虑到轨道交通施工特点,水泥采用具有快凝快硬效果的硫铝酸盐水泥,以缩短凝结时间,提高早期强度,减少列车振动对混凝土的影响。

5. 横向水沟面层处理

考虑外观及维修人员的行走,对其表面进行覆盖处理,施以 3cm 厚水泥浆面层,内配 ϕ4mm 间距 4cm 钢丝网。

3.25.4 注意事项

(1) 防水砂浆应根据实际需求量人工现场拌制,充分搅拌均匀,随伴随用,用完后拌和现场用水冲洗干净。

(2) 抹浆时加强捣固,不得有空洞和蜂窝麻面,确保表面光洁、线条流畅。

(3) 两次抹浆接头保持界面粗糙、干净、无堆落砂浆等物,界面在二次浇筑时可洒水湿润。

3.26 疏散平台维护治理——除锈油漆施工

疏散平台安装于隧道一侧,由于列车运行产生振动及结构渗水使其发生老化,应及时进行维护。定期对钢结构进行除锈刷油,更换腐蚀严重的配件。

3.26.1 材料及工具

砂轮机、砂纸、钢丝刷、毛刷、铁砂布、刮板、富锌底漆、面漆、清洗剂、电钻、打磨机、拧固扳手、漆膜测厚仪。

3.26.2 工艺流程

确定修补部位→构件表面处理→油漆修补涂装。

3.26.3 施工方法

1. 确定修补部位

检查构件外观,对所有在运输、倒运、现场焊接等过程中破坏的涂层用记号笔作好标记,并标记出打磨处理的范围。

2. 构件表面处理

(1) 构件表面处理主要是清理构件表面的污物,打磨修补部位。对于焊缝或油漆损坏较严重的部位,应用动力砂纸片和砂纸片打磨至钢构件金属表面,使该区域粗糙度达到 St3 级标准（非常彻底的手工和动力工具除锈）。

（2）对于龟裂的涂层，需将龟裂处涂层彻底打磨掉，并达到规定的粗糙度要求后再进行油漆的修补。

（3）对于轻微损伤的涂层，无需打磨太深，只需进行适度打磨即可进行修补，修补可直接用面漆。

（4）修补的区域不宜太小，要与原有涂层有 30~40mm 的搭接，要求打磨成一定的坡度，以保证修补涂层与原涂层平缓过渡。

3. 油漆修补涂装

（1）油漆修补需在白天或有充分照明的环境下进行。

（2）被修补涂层及基层的表面应干燥，无任何污染物（用干净的抹布充分擦净）。

（3）油漆 A、B 组分的调配必须依说明书进行。稀释剂的用量根据现场实际情况确定，通常不需要加稀释剂，只有当油漆太稠刷不开时才少量加入，但应严格控制，最大用量不超过 4%。严禁任意加入稀释剂。

（4）在底漆涂装后，待其干硬后再进行中间漆的涂装。

（5）底漆涂层干硬后需用漆膜测厚仪进行检测，当漆膜厚度达到规定厚度后，需对上道漆层进行适当打磨，方可进行下道涂层的涂装施工。

（6）漆膜厚度如达不到要求厚度，应按规定的程序再次进行油漆的涂刷。

3.26.4 注意事项

（1）所有涂装工人必须经过技术人员的培训；油漆仓库设专人管理，未经许可不得随便进入；所有涂装人员必须配戴专用的口罩，以防油漆中毒。

（2）油漆涂装现场及存放仓库严禁烟火，油漆存放仓库和存放现场必须配备灭火器。

（3）为确保涂装质量，油漆的调配必须由专人进行，严格依说明书进行调配。

（4）油漆必须在其混合使用寿命时间内涂装，一旦混合使用时间超过规定，不得再使用，否则易产生固化不良和粘附力差等情况。

（5）漆膜厚度检测应当在每一涂层完成，且漆膜干硬后进行。

（6）涂装部位应做好防护措施，在地面补漆时用塑料布将地面铺垫好，所有的油漆用具都放置在专用的铁皮盘内，以免油漆对其他构件或环境造成污染。

3.27 疏散平台破损治理——设备更换施工

疏散平台由于列车运行产生振动及结构渗水使其发生老化，应及时进行维护。如需整段更换则需拆除疏散平台，重新打孔安装疏散平台。疏散平台紧固螺栓宜采用适用于裂缝混凝土的注射式定型化学锚栓。

3.27.1 材料及工具

切割机、钢丝刷、气筒、轨道手推车、拧固扳手、卷尺、锚固粘贴剂、平台、钢梁、支架。

3.27.2 工艺流程

锚栓打孔→锚栓安装→疏散平台、钢梁、支架运输→疏散平台钢梁支架安装→疏散平台钢梁检查、调整。

3.27.3 施工方法

1. 平台拆除

切割拆除原有平台钢构件，应符合"先上后下、先里后外、先非承重后承重结构"的拆除顺序。高强螺栓拆卸前可先滴上柴油，然后用力矩扳手拆。

2. 锚栓打孔

划出疏散平台梁位置，采用套模打孔工艺打孔。打孔时应用深度尺控制孔洞深度，垂直于安装壁，确保成孔位置精度。锚孔深度允许偏差10mm，垂直度允许偏差4°。

3. 锚栓安装

成孔后用钢丝刷、气筒清除孔内浮灰，按化学锚栓的固定工艺安装螺栓。

4. 疏散平台、钢梁、支架运输

材料运输至车站后，采用推车经区间运送至需更换位置，在搬运过程中应注意防止碰伤、刮伤构件表层的防腐层。

5. 疏散平台钢梁支架安装

（1）当锚固粘贴剂充分凝固、锚栓强度达到设计强度值后，可进行疏散平台钢梁的安装。

（2）依据不同地段选用对应支架，在结构变化处及断头处安装平台支架。

6. 疏散平台钢梁检查、调整

钢梁及步梯安装完毕，需测量钢梁边及步梯板外边距线路中心线的距离，其偏差值需保证在±10mm之间。

3.27.4 注意事项

（1）支架不得安装在结构拼缝和变形缝处，应避免开孔、洞，并满足锚栓安装要求的最小边距。

（2）维修更换的疏散平台应注意摆放，严禁侵限。

第 4 章 突发结构故障处置方案

4.1 突发结构故障抢险概述

轨道交通土建工程是由车站、区间隧道、车辆段等组成的复杂结构体系,因结构所穿行的距离长、穿行区域地质成分不同等因素而造成不同程度突发结构故障。将不同原因造成的影响安全运营的突发结构故障进行分类汇总(表4-1),以便能采取方便、精准、高效的方式进行处置。

表 4-1　突发应急结构故障分析表

序号	突发事件分类	结构破坏类型	应急抢险措施
1	地质原因造成的突发结构故障（如结构沉降）	涌水； 突泥、涌沙； 道床出现裂缝； 道床脱空； 构件管片裂缝渗水； 路面塌陷等	注浆堵漏； 应急回填； 喷混凝土封堵
2	结构外部施工造成的突发结构故障	涌水； 结构渗水； 结构被击穿； 梁板开裂、支座移位等	抽排水； 结构灌浆堵漏； 结构修复加固； 梁板、钢板加固

续表

序号	突发事件分类	结构破坏类型	应急抢险措施
3	列车运营造成的突发结构故障（如列车倾覆、列车脱轨）	涌水；结构渗水；塌方；梁板开裂、支座移位等	抽排水；结构灌浆堵漏；道床结构灌浆；梁板、钢板加固
4	结构自身原因造成的突发结构故障	掉块隐患；结构裂缝；突泥、涌沙；道床出现裂缝；道床脱空；变形缝渗漏水等	掉块敲除、修补；喷混凝土封堵；裂缝灌浆修补；变形缝注浆修复；道床灌浆
5	结构改造造成的突发结构故障（如区间加固钢环、车站预留口改造）	涌水；拼接缝渗水；结构渗水；突泥、涌沙	抽排水；结构灌浆封堵；喷混凝土封堵

4.2 孔洞渗漏、涌水——堵漏应急治理

由于隧道结构前期防水施工质量存在缺陷和投入运营后不确定因素的影响，盾构隧道管片接缝和螺栓孔位置很容易出现渗漏水。另外，受地形地质条件限制，部分隧道埋深较浅，存在隧道管片被外部施工打穿的风险，形成孔洞、点状渗漏或涌水。应采取隧道结构内外同时处理的方式实施治理。

隧道外的处理主要如下：

（1）利用原钻孔对穿孔位置进行地表回填灌浆加固，灌浆深度、加固段长度根据隧道埋深及钻探钻孔的直径确定。

（2）加固段灌浆水灰比为（0.6~1）：1，采用稳定性水泥浆回填灌浆，灌浆压力为0.2~0.24MPa，灌浆过程应缓

慢、持续，达到压力后稳压10～14min。发现周边地表有异样应该停止灌浆，及时查找原因并解决后再继续。

(3) 待水泥浆从穿孔位置缓慢溢出，且浆液均匀，回填灌浆完成，待其凝固4～8h，对隧道内穿孔位进行修复。

隧道内根据出水量的大小，可分为以下两种情况实施治理：

(1) 孔洞、点状渗漏、涌水治理——堵漏法治理施工

遇到孔洞较小或孔洞较大但水压不大的慢渗漏水情况时，可采用无机防水堵漏材料直接堵塞。

① 以渗漏点为圆心凿洞（直径为1～3cm，深为2～4cm），孔洞壁尽量与基面垂直，并用清水冲洗干净，将堵漏材料捻成与孔洞形状相近的锥团形，待其开始凝固时迅速压入洞内，并向孔洞壁四周挤压密实，使堵漏材料与孔洞壁紧密结合；

② 堵漏完毕经检查无渗水时，即可用聚合物水泥砂浆抹压至与板或墙面平齐。

(2) 孔洞、点状涌水治理——钢板堵压法治理施工

遇到孔洞水压较大的急流或涌水的渗漏水时，如隧道被击穿等情况，可采用钢板堵压法进行处理。

① 清除漏水处空鼓的面层及粘结不实的石子，以渗漏点为圆心凿洞，深度视渗漏水量及渗水面而定；削制略大于孔洞体积的木楔，在孔洞处打入，至与管片外表面齐平或者削除木楔露出混凝土面层部分，迅速用堵漏材料封堵洞口，用力把孔洞四周堵漏材料挤压密实；

② 在孔洞周围预埋注浆管，针管数量视孔洞大小而定，一般3～4个为宜；待封堵材料达到一定强度后，采用双液浆对孔洞位置进行注浆；根据注浆管流出浆液情况判断注浆效

果，力求浆液充满缝隙并分布均匀，等待浆液硬结后，割断注浆管；

③ 在木楔下方盖上钢板，须与管片贴合，用膨胀螺栓固定加固。

4.3 隧道结构被击穿——地面垂直冻结法修复应急处置

隧道区间多为盾构掘进的管片拼接形式，隧道被击穿导致其他管片会表现出不同程度裂缝、错台和混凝土剥落等。在隧道结构整体仍是稳定体系的情况下，一般采用"局部加固、局部替换"的修复方案。考虑到隧道周围软土层含水量大的特性，同时尽量减轻加固工作对已破损隧道结构的扰动，可以采用地面垂直冻结法加固。通常是对管片上半拱部土层进行局部加固。

4.3.1 材料及工具

钻机、经纬仪、金刚钻机、电锤、泥浆泵、$\phi 6$钢筋、冷冻与冷却设备、管路设备。

4.3.2 工艺流程

垂直冻结土壤→现浇钢筋混凝土圆弧板结构→增设内衬钢环→管片处理。

4.3.3 施工方法

1. 垂直冻结土壤

安装冻结制冷系统和检测系统，冻结土壤。冻结壁厚度根据现场结构破损情况及土壤状况，依据设计要求确定。冻结运转中应实时探孔检验，直至冻结完成。

2. 现浇 400mm 厚钢筋混凝土圆弧板结构

冻结加固完成后，截出隧道内的击穿物，拆除破损邻接块和封顶块，现浇结构通过环向、纵向植筋与原管片相连接，用电锤以 140mm 间距在受损区域梅花型钻孔，然后在钻孔位置植入 $\phi6$ 钢筋制成的钢筋棍，采用双面焊焊接，长度不露出原管片混凝土表面，然后在管片混凝土以内布设单层钢筋网片，同时焊接固定，立模后浇筑同强度等级混凝土。

3. 在破损位置中部增设内衬钢环

选用厚度 20mm 与管片同宽的钢板，钢环在现场测量放样后加工，并通过锚筋与管片相连接，然后向两者之间的空隙压注亲水性环氧浆液。钢环暴露面涂刷环氧富锌底漆和无溶剂超厚膜型环氧涂料。

4. 受损区域其他管片处理

事故其他管片根据环、纵缝张开量、错台量、裂缝大小、管片变形大小等，按上述方法增设内衬钢环或仅作环氧树脂注浆修补处理。

4.4 车站结构被击穿——碳纤维修复应急处置

车站多为水泥混凝土浇筑，构件被击穿会出现不同程度裂缝、脱落、破损等情况，可采用粘贴纤维复合材料加固、特殊混凝土修补加固等方法进行维修。

4.4.1 材料及工具

底胶、碳纤维布、环氧树脂砂浆、高强度特殊混凝土、改性环氧砂浆、钢筋、钢筋网片、砂轮机、钢丝刷、毛刷、磨光机、切割机等。

4.4.2 工艺流程

基层处理→底胶涂刷→粘贴碳纤维布→纤维片养护→特殊混凝土修补加固。

4.4.3 施工方法

1. 基层处理

（1）用砂轮机或磨光机将混凝土表面风化层、石灰游离层、砂浆剥落层、粉刷层、污物等劣化层除去，并打磨至粗骨材出现为止。

（2）打磨过后用毛刷或高压空气枪将粉尘及松动物质去除，并确保作业表面充分干燥、平整、无灰尘。

（3）若柱面存在凹陷时，须使用环氧树脂砂浆修整（找平作业），使其凹陷成平滑曲线，以利于片材粘贴。

2. 底胶涂刷

选用适当粘结材料针对经过上述处理后的施工面进行底胶涂刷施工。施工过程及注意事项如下：

（1）将底胶的甲料和乙料严格按照生产厂家规定配比，置于搅拌槽中，用低速电动搅拌器充分搅拌均匀，一次搅拌量应为在可使时间内所用的施工量，超过可使时间的材料不能继续使用（可使时间依据材料使用说明书的指示）。

(2) 施工面用滚筒毛刷含浸底胶均匀涂刷，涂刷量随施工面的状况不同而定，要斟酌使用，涂刷次数依据现场状况决定是否需要涂刷第二道，涂刷第二道时必须等第一道初凝后才能进行。

(3) 底胶的指触干燥时间约 3~12h。

3. 粘贴

(1) 依据设计尺寸裁切碳纤维片材。

(2) 将环氧树脂依据规定配比称重后，采用低速电动搅拌且均匀，一次搅拌量应为在可使时间内所用的施工量，超过可使时间的材料不能继续使用。

(3) 施工时用滚筒毛刷把浸渍胶均匀涂刷在施工面上。碳纤维片材平顺地贴在涂有浸渍胶的施工区域，并用刮刀沿纤维方向刮平以除去气泡和贴平片材。利用适当工具（脱泡滚轮或凹槽式塑料滚轮）沿纤维方向来回滚压以便使碳纤维片材充分浸透和除去气泡，拱起的部位和角落容易产生气泡，须小心除泡。

(4) 在已贴好的碳纤维片材上，再涂刷一道浸渍胶，用滚筒毛刷将浸渍胶重复步骤（3），使碳纤维布完全浸透。碳纤维片材粘贴 1 层 30min 后才可能进行 2 层粘贴，在此期间要注意片材是否有浮移或错位现象，若有则要用刮刀或滚筒压平修整。

4. 纤维片养护

(1) 纤维片材粘贴施工后要用塑料布覆盖 24h 以上，以防止雨淋或风砂、灰尘的污染，注意覆盖布不可碰触到施工面。

(2) 碳纤维布施工完成后，需对其表面涂刷防腐涂料并按照设计要求进行抹灰。

5. 特殊混凝土修补加固

(1) 混凝土基层处理。在破损位置用冲击钻凿出松散薄弱部分，在修补位置表面进行凿毛。

（2）植筋修补。混凝土结构内部有钢筋露出，先用钢丝刷作除锈，然后用 $\phi6$ 钢筋棍与原混凝土结构钢筋焊接，焊接方式采用双面焊。钢筋棍以 140mm 的间距布设，方向与原混凝土结构钢筋垂直，长度不露出混凝土表面，预留 4mm 保护层。再在原混凝土结构表面布设单层钢筋网片，同时与钢筋棍焊接固定。

（3）立模浇筑。采用木模支立，模板大小根据破损位置大小确定，模板支立好后用配制好的高强度特殊混凝土浇筑，振捣密实后等待初凝。

（4）拆模修复表面。特殊混凝土初凝后拆模，拆模后用改性环氧砂浆在表面进性均匀涂抹，在干燥后用腻子粉恢复结构表面。

4.4.4 注意事项

（1）施工现场严禁火源，施工人员必须使用适当的防护工具。

（2）涂刷浸渍树脂前必须先确认底胶状况为指触干燥。

（3）碳纤维片材搭接时，纤维方向搭接处长度须大于 200mm。

（4）碳纤维片材在温度为 20℃时须养护 1 周，在温度为 10℃时须养护 2 周。

（5）碳纤维片材在平均温度为 10℃以下时，初期硬化养护时间约 2d；在平均温度为 10～20℃时，初期硬化养护时间约 1～2d；在平均温度为 20℃以上时，初期硬化养护时间约 1d。

4.5 涌水——抽排水应急处置

(1) 当隧道、洞内出现大量涌水时,涌水量在正常抽排水能力时,根据现场水流量设置自动水泵。当洞内积水持续增长时,根据水量增设排水管路和移动水泵数量,调整水泵功率和扬程。

(2) 水量超过应急排水能力时,可在出水口设置临时围堰,避免水流到其他位置损坏机电设备,最大限度减小受损影响。

(3) 电源线铺设。施工用电电源从隧道电源箱或车站预留插线口接配,电源线铺设至抽排水点。设置围堰的,应在围堰抽排水点设置分配电箱,装配电表计量器,将电力接配至各抽排水水泵及照明设备上。

(4) 排水管线铺设。根据现场水量大小选择排水管。水量较大、排水路线曲折较多的,应采用橡胶排水管;排水路线直线畅通,可采用大口径的PVC排水管。

(5) 在围堰抽排水期间,安排巡检人员24h值班,每小时观测水位1次,并做好记录。管涌量较大或变化异常的,及时增加观测频次。值班人员需对围堰及排水管路随时进行检查,以确保排水效果。

(6) 注意泄水孔的选择,泄水孔的管径应满足水流量的要求,管底应低于积水平面,避免排水倒灌。

(7) 如遇泄水口位置太远或不利于排水时,在距离围堰足够距离设置临时集水坑,坑内需用厚型塑薄膜、彩胶布铺贴防水,将围堰里积水抽至集水坑内,再排至合适的泄水口。

4.6 涌水、桥梁结构裂缝——钢板加固应急处置

对于隧道内大量涌水和较大的桥梁结构性裂缝，可增加钢板以加固封堵效果。

1. 表面处理

将混凝土表面凿毛，去除碳化、松散等裂化层，再用高压水枪洗干净，保持混凝土表面粗糙、无浮灰。

2. 安装连接钢板

涌水、漏点位置参照本章4.2节中所述步骤采用临时封堵材料封堵后安装加固钢板固封。按照钢板上的锚固孔位，用冲击钻在翼缘板边缘处按照规定的孔径打孔，将已经制作好的钢板安装就位，在孔内注入一定数量的植筋胶，将已经制作好的预埋构件对位埋入孔内，构件与翼缘板的粘贴面事先涂抹一层粘钢胶，旋紧螺帽进行加压，并轻轻敲打构件，确保预埋构件与翼缘板粘贴牢固。待胶体形成强度后，将连接钢板与预埋构件焊紧。

4.7 突泥、涌沙——喷混凝土封堵应急处置

突泥、涌沙险情持续进行时，应注意人员安全，避免靠近结构破坏口，待突泥、涌沙能量释放后，再行处理。对于突

泥、涌沙压力 $P \leqslant 0.5\mathrm{MPa}$ 的股状出水点，如来水方向可以确定，可采用直接封堵法进行处理。

1. 施工准备

（1）材料准备：高强度特殊混凝土、改性环氧浆、钢管、钢筋网片、双液浆等。

（2）机具准备：冲击钻、移动线盘、注浆机、切割机、水管、移动高压泵等。

2. 突泥、涌沙施工工艺

钻孔→球阀安装→挂网喷射混凝土→封堵注浆前压力实验→注浆防水加固→现场淤泥清理。

3. 突泥、涌沙具体施工步骤

（1）钻孔。沿着出泥、出水部位和出水方向直接钻孔，孔间距应控制在 $0.5 \sim 1.0\mathrm{m}$，钻孔深度应为开挖轮廓线外 $(0.5 \sim 1.0)D$。

若孔内的出水部位距离孔口较远，应安装和钻孔长度一致的注浆管；若孔内的出水位置距离孔口较近，则应安装 2m 左右的孔口管，每根注浆管前端均应开孔，确保水可以从管中流出。

（2）球阀安装。管口安装球阀，管外壁和孔壁之间的空隙用锚固剂填充。

（3）挂网喷射混凝土。注浆管安设完毕后进行挂网，网格外侧应用 $\phi 20$ 的钢筋将注浆管焊成整体，然后喷混凝土 20cm 的止浆墙。注浆材料可选用普通水泥浆、TGRM 浆，局部出现漏浆的，可采用水玻璃浆液进行封堵。

（4）封堵注浆前压力实验。注浆前应做压水试验，以确定注浆压力，注浆 $2 \sim 3$ 倍涌水压力。由于注浆压力较高，注浆管和注浆泵之间应采用丝扣连接。注浆泵应选用中、低压力的注浆泵（压力大于 2.0MPa）。注浆顺序应从上到下，当发生未注浆的管子串浆时，应及时关闭球阀，直到将最后一根流水的注浆管堵住为止。

（5）注浆防水加固。采用壁后注浆的方式在突泥、涌沙口旁边进行双液浆注浆，等浆液初凝后再在渗水点处采用环氧注浆方式进行注浆，确保维修区域无渗水、冒沙等情况。

（6）现场淤泥清理。对结构物有污泥部位用清水进行全断面冲洗，同时疏通中心排水沟，使水流通畅。

4.8 路面塌陷——回填应急处置

路面塌陷多为结构层下方被水流掏空，土体的承载力无法满足要求导致，可根据塌陷面积大小实施处理。

1. 局部路面塌陷处理

（1）先破除塌陷区域的路面、基层，自原路床顶面向下挖 80cm。若土质坚硬应停止下挖；若土质仍湿软，继续向下开挖至坚实土层。遇检查井时，检查井周边 1.5m 范围内，挖至路床顶面以下 1.5m 处。

（2）采用不低于原等级的材料分层回填、压实。沟槽每层虚填厚度应不超过 30cm，道路每层虚填厚度应不超过 15cm。夯实至结构顶面标高后，浇筑水稳基层，也可采用混凝土代替。

（3）待混凝土养生完毕，根据原面层材料恢复。

2. 大面积路面塌陷处理

（1）分段对塌陷路面进行处理，避免路面大面积开挖后遇水泡槽。

（2）先拆除井口，雨、污管和路缘石等附属结构，破除路面及道路基层，开挖至雨、污水管管底原状土。

（3）将挖出的含水量过大的土体外弃，含水量适中的土体掺和白灰现场拌和，随挖随拌和。

（4）挖至管底原状土，经检测合格后分层回填，可采用二八灰土。沟槽每层虚填厚度不超过30cm，道路每层虚填厚度不超过15cm。夯实至设计灰土顶面标高后，检测压实度，直到符合设计要求为止。

（5）路床以上结构层按原施工标准进行。

（6）待基层养生完毕方可恢复面层。

（7）按设计图纸安装和砌筑井口和雨、污管道，交接处应做好防水，避免雨水渗入路基。

（8）按原施工标准安装路缘石，确保砂浆饱满且强度符合规范要求，不得被雨水冲刷形成空洞。

4.9 道床脱空沉降——灌浆封堵应急治理

道床变形产生裂缝及沉降，在地下水的渗透作用下长期受列车行驶动荷载作用后，使道床上下振动而形成抽吸现象，造成水在空隙中反复潜蚀，带走混凝土中骨料，使混凝土逐渐失去强度而松散，可采用灌浆封堵的方式进行整治。

1. 注浆范围和注浆孔布置

（1）注浆孔按照间距1m一个埋置，一个道轨横断面埋设两根，加固路段加长时，孔位及孔距依此类推。

（2）沿道轨中心线方向，在两个注浆孔位的中间用冲击钻设置直径16mm左右的溢浆孔，观察溢浆孔浆液溢出情况，当溢出浆液均匀、浓稠、无浮渣时，缝隙内注浆饱满。

(3) 注浆孔埋设深度需大于道床混凝土 100mm 左右。

(4) 注浆流量一般控制住为 10~20L/min，根据地层及注浆压力进行调整。

(5) 注浆压力控制在 0.1~0.4MPa，注浆时，根据溢浆情况进行调整，以溢浆孔溢出均匀、浓稠浆液为准。

(6) 注浆量，浆液配合比为 A 液：B 液＝1：1。其中，A 液为：水泥：粉煤灰：膨润土＝1：0.66：0.44。B 液为中性水玻璃，选购市场上销售的符合国家质量要求的波美度为 $34°B_e'$~$40°B_e'$ 的水玻璃。

(7) 要求浆液初凝时间为 4~10min，初凝强度达到 20MPa，终凝强度达到 40MPa。

(8) 注浆流量一般为 10~20L/min，根据地层及注浆压力进行调整。

以上参数仅为指导数据参数，施工过程中，应根据现场情况进行试验并确定最后施工参数。

2. 施工流程

钻孔→埋管→注浆→拆除注浆管→清理现场→完成。

3. 施工步骤

(1) 测量定位：根据施工布置图和现场实际情况进行测量放线定位，布置孔位，孔距 1.0m。现场技术人员按施工图及现场实际情况放样，并做好明确标志，放样偏差≤4cm。

(2) 钻孔：由于大型钻机无法进入轨行区，钻孔拟采用水钻，钻孔孔径为 4cm，注浆管直径为 2.4cm。埋置注浆管用快速水泥或封堵材料，以减少注浆等待时间。钻孔完成后清理现场，不影响列车运行。

(3) 钻孔深度为 40cm，以大于道床混凝土及进入基础混凝土10cm以上为准，使浆液能准确地进入道轨混凝土与基础混凝土的缝隙。

（4）埋管：埋管深度为20～30cm，注浆管外露20cm，离开钢轨至少20cm以上。注浆管为即时埋置即时使用型，为缩短埋设后注浆等待的时间，采用快速水泥或封堵材料埋置注浆管。注浆管埋设或注浆后，当晚在工作时间内全部拆除，并清理干净，不影响行车安全。施工安装注浆球阀不得超过钢轨轨面。用快速水泥或封堵材料埋设注浆管到注浆孔，使之不漏水、不漏气。

（5）配制浆液：开始注浆前，严格按照配方配料，浆液应充分搅拌均匀。浆液应随拌随注，不得长时间存放已拌好的浆液。由于现场条件受限，配制浆液用小型搅拌机搅拌。

（6）配制的双液浆能在要求的时间内凝固，并具有一定的湿度，浆液凝固后其体积不应有较大的收缩，浆体短时间内不应发生离析现象。水泥浆和水玻璃分开装，注浆时是用两根独立抽浆管进行抽浆，到注浆管内进行液体混合，直接进入缝隙，避免双液浆在管道内凝固。注浆管为橡胶管，安装水泥浆流量计有一定的困难，现场采用袋装水泥，带电子秤，用小型搅拌机直接在浆桶内搅拌，严格控制好水泥浆搅拌时的水灰比，专人准确记录用浆量。

（7）注浆前准备：将施工区域内排水沟明水排除，并截流两端排水沟。用清水进行注浆，将缝隙内的淤泥等清出，等缝隙内溢出清水后，再用双液浆进行注浆。

（8）注浆开始连续进行，力求避免中断。严格控制注浆压力，同时密切关注注浆量和注浆管的变化，当压力突然变化或道床抬升量超过2mm时，应立即停止注浆，查明原因并采取措施后重新注浆。当泵压骤增、注浆量减少，多为管路堵塞或被注物不畅；当泵压升不上去，或进浆量较大时，检查浆液黏度和凝固时间。

（9）事先设置观察孔，观察孔主要作用为排除缝隙内的空气和注浆时观察孔内有无溢浆情况，方便、引导操作人员加压还是暂停注浆，如缝隙内有浓浆冒出后，需停止注浆 4～10min，等浆液凝固后，再进行二次注浆，使缝隙完全填满为止。如缝隙还未填满，应采取多次注浆，或第二天继续注浆，直至浆液全部填满缝隙为止。

（10）注浆过程中冒出的水泥浆，同样含有水玻璃成分，一般情况下会在 4～10min 初凝，现场根据初凝情况进行清理外运，特别是排水沟内的溢浆，在当天或第二天进行清除，以免堵塞排水沟。冲洗后，将从缝隙内清出来的淤泥和其他杂物装袋外运处理。

（11）注浆全过程，安排专业人员对轨道顶高程、道板混凝土高程及相邻道板混凝土板块进行专业测量，如有异常情况，立即停止注浆，严格控制注浆压力。

（12）施工结束后恢复排水沟畅通，检查球阀，确保全部关闭。

4.10 混凝土掉块——敲除、修补应急处理

1. 对于有掉块隐患的破损混凝土和小型构件，采用异物杆及时凿除隐患部位，并对相邻位置仔细检查是否松动，应及时剥离松动部位，并将现场凿除混凝土清理干净。

2. 因内部钢筋锈蚀而损坏的混凝土，若钢筋暴露，应将暴露钢筋截断或敲打至紧贴结构面，避免钢筋暴露在外构成新

的安全隐患。

3. 需要临时修复混凝土的，根据修补面积采取不同的修复方式。

（1）破损面较小的修补（面积小于 14cm×14cm 的修补）

① 修补前将混凝土基层污物清理干净，使层面无尘、无松散颗粒、油污等。人工凿除已破裂松动的混凝土，要求打出新断面并凿毛，不允许有松动的混凝土块残留，再用钢刷清理已凿出的新断面。有钢筋的位置应将破损面积内钢筋全部凿至外露，增加混凝土的握裹力。

② 根据作业点实际情况设置模板。对于侧墙混凝土掉块，应设置相应尺寸模板，待混凝土达到初凝强度后，拆除模板；对于轨行区顶部掉块，为了确保混凝土密实度，确保新补料的稳定性，可定制不锈钢模板，用膨胀螺钉固定在作业面上，施工结束后保留。管片之间采用定制弧度模板间隔出空隙。

③ 采用快硬混凝土填补，完成初步成型及修补。设置好模板后，根据现场作业条件采用抹刀分层涂抹修补面。为了更好地控制新混凝土的密实度及与凿出的新断面结合良好，每次填补快硬混凝土的厚度应控制在 4cm 左右，待已填补的混凝土达到一定的强度后再进行下一次的填补工作。

④ 填补完成后，用灰匙压平修补表面。待填补水泥混凝土达到一定的初凝强度前，再用磨光机修整，使修补处和管片整体平整、光滑成一体，与管片颜色一致。

⑤ 快硬混凝土修补料无需养护，6min 后抗压强度达到 30MPa，一天后强度达到 40MPa，粘结强度达到 4.4MPa，满足盾构隧道管片使用的强度要求。

⑥ 成型隧道内的管片破损需修补时，如破损面渗漏水，需先进行止水后再进行管片修补。对于混凝土剥落体积较

大，基层修补粘合性较差的破损面应采取粘贴钢纤维措施，提高修补面的抗拉、抗剪强度，降低施工难度，防止修补面后期开裂。

（2）破损面较大的修补（面积大于14cm×14cm的修补）

① 受损部位的处理：周边混凝土松动，剔除已剥落的碎块，将爆裂表面进行凿毛，然后清理干净，对于裸露的管片钢筋，应将其表面浮物除净，有铁锈的钢筋应将表面锈迹打磨完全。

② 管片边缘及凹槽的成模：为保证管片修复后的外形，形成管片的外缘，可在管片的外缘粘贴一块厚度为1mm的黏性泡沫塑料片；凹槽的形成可采用与管片半径及外形相同的金属条或者在混凝土初凝强度达到前拉毛成型。

③ 混凝土修补：因施工环境限制，在隧道内修补较大破损时，破损处采用钢筋网片连接或植筋的方法固定，快硬混凝土需稠度适当，流动性较小。

④ 钢筋网片固定：若受损部位未露出管片钢筋网，则利用电锤以140mm间距在受损区域钻孔，然后在钻孔位置植入$\phi 6$钢筋做成的钢筋棍，长度不得露出原管片混凝土表面，预留4mm保护层。

若受损部位已露出管片钢筋网，则利用$\phi 6$钢筋做成钢筋棍与管片钢筋焊接。钢筋棍根据受损面的大小以40～100mm间距在受损区域梅花型布设，方向与管片钢筋面垂直，长度不得露出原管片混凝土表面，预留4mm保护层。然后在原管片混凝土表面以内布设双层$\phi 6@2\times 2$（cm）钢筋网片，同时与钢筋棍焊接固定。

⑤ 吹净浮尘，将调配好的快硬混凝土用抹刀进行修复，具体步骤与前述"破损面较小的修补"相同。

第 5 章 养护安全保证措施

5.1 维保操作中的风险点

5.1.1 结构维保中常见风险清单

根据轨道交通结构维保经验,将操作中常见的风险清单汇总,见表 5-1。

表5-1 结构维保中常见风险清单

序号	风险点	造成风险的工作内容	风险原因	风险灾害
1	高空坠落	登高巡检;登高维修	登高安全带接挂不牢固或未佩戴安全绳;脚手架不牢固;人员缺乏特殊作业资质;疲劳作业	人员死伤
2	高空坠物	巡检、维修中上部掉块或异物掉落	外部环境因素	人员死伤;设备损坏
3	触电	注浆、钻孔等带电设备操作类维修与巡检	设备漏电;人员操作失误	人员死伤;设备损坏

续表

序号	风险点	造成风险的工作内容	风险原因	风险灾害
4	高温中暑	炎热天气下室外维修、巡检；设备间等密闭环境下维修、巡检	高温天气，防暑降温工作不到位；设备间环境密闭，不通风	中暑或其他健康问题引发伤害或事故
5	机械设备伤害	钻孔、车辆登高等维修作业	机械防护装置失效；多台设备共同作业，缺少指挥；违规操作	人员身体死伤；设备损坏
6	火灾	焊接、钻孔等维修作业	消防措施不到位；人员缺乏特殊作业资质；设备使用不当	火灾
7	灼伤	焊接等维修作业	人员防护措施不到位；人员缺乏特殊工作资质；设备使用不当	人员被灼伤；设备损坏
8	粉尘、刺激性气味伤害	注浆、打磨、切削等维修作业区间隧道经常性检查，风井、风道等长期密闭空间巡检	人员防护措施不到位；设备使用不当	人员肺部及嗅觉伤害
9	噪声伤害	风机房等噪声环境内巡检、维修作业	人员防护措施不到位；设备使用不当	人员听觉损伤
10	自然因素伤害	积水、树丛等自然条件恶劣的环境中巡检、维修作业	人员防护不到位；对环境了解不到位	感染疾病

续表

序号	风险点	造成风险的工作内容	风险原因	风险灾害
11	爆炸	施工用注浆材料、油漆等的运输、使用、保存等	化学材料保存、运输、使用不当；人员操作不当；违规操作	爆炸，造成人员死伤、设备毁损
12	摔伤、滑倒	出入口顶棚打胶维修；积水处巡检；轨行区巡检、维修	顶棚玻璃湿滑；积水造成湿滑；隧道内照明设施不完善，影响视线	人员死伤
13	车辆撞击	桥梁段室外巡检、维修隧道区间巡检、维修	对周边环境认识和防范不足；违反安全操作规程；缺少安全维护措施	社会车辆撞击致人员死伤，设备损坏；电客车撞击致人员死伤，设备损坏
14	构筑物坍塌	桥梁段室外巡检、维修；隧道区间巡检、维修	对周边环境认识和防范不足；外部环境干扰	室外周边构筑物坍塌致人员死伤，设备损坏；结构损坏伤人
15	踏空伤害	车辆段、停车场及室外桥梁段经常性检查、维修	在日常对车辆段、停车场的经常性检查时地面井盖未覆盖牢固	导致人员踏空坠落掉地下，造成人员生命安全
16	器物损伤	管线钢构件众多的设备间、管理房内巡检、维修；脚手架、大型工器等搬运操作时由于视觉盲区对车站、区间设施碰撞、刮擦	对周边环境认识和防范不足；违反安全操作规程；缺少安全维护措施	人员损伤

5.1.2 控制方法

针对以上原因造成的风险点,应从人员管理、管理落实、资金投入、方案保障等方面加以管控。

1. 系统化的人员管理控制风险

(1) 安排有较强管理经验的人员带队,组织训练有素的人员开展施工。

(2) 严格工前安全会议,强化作业人员技术交底程序,将当天可能的工艺方法和存在风险进行分析,令人员掌握作业现场风险点及控制方法。

(3) 定期组织作业人员进行专业技术培训和安全知识学习,使员工及时掌握结构技术状况、运营要求、安全信息等,了解各种施工工艺的原理、优势与缺点、工艺流程、现场应急处理办法等。

(4) 加强人员技术与管理考核,实施奖惩机制。

(5) 定期开展技术比武,提高作业人员精进技术的积极性,激发员工工作热情。

2. 完善管理制度及落实

根据结构维保项目不断完善安全、质量等保障制度,加强检查与考核力度,提高制度对于风险的约束力。

3. 增加项目的资金投入

在人员、材料、设备、安全管控上舍得投入,需要定期更新的材料、设备及时补充及更换。积极落实安全监管的投入,有效保障各项安全监管措施的落实。

4. 合理化编制方案

方案编制时应注意风险点控制,针对性地提出解决措施,以满足现场维修需要。完善各项保障方案和突发事件预案,做到各项内容具有较强的可操作性。

5.2 养护作业安全技术及组织措施

结构的正常使用关系到线路的正常运行，为了确保正常运营，结构的日常维修绝大部分工作量在夜间进行。在轨施工的安全要求高，夜间视觉差，如何安全地维修养护好结构设施，既要做好维修，又要考虑到养护作业人员的安全，在落实安全责任制、各工种安全操作规程、执行安全检查制度、安全教育培训制度基础上，还须组织实施严密的安全防范措施。

（1）员工必须自觉遵守、严格执行党和国家有关劳动保护与安全生产的方针、政策、法令和安全生产责任制、各类工种的操作规程，接受安全检查、参加各类安全教育培训。

（2）作业人员应经过相关安全资格的培训，且考试合格方可上岗作业。

（3）每次作业前召开工前安全会议，进行安全交底。入轨时现场施工负责人应对施工所需的工器具进行检查以保证可以安全使用，养护工作中进行安全检查。

（4）入轨作业时，需要佩戴证件，戴安全帽、穿反光背心及安全鞋。根据现场还需要配备其他防护用品，如：登高需佩戴安全绳，注浆作业需戴护目镜、口罩等安全用具。在做好安全防护的状态下方可进行作业。入轨时现场施工负责人进行清点，确认作业人员穿戴齐全后方可入轨。

（5）结构设施维修作业必须贯彻"安全第一，预防为主"的方针，杜绝生产和交通事故。

（6）根据项目养护工作需要，确保使用的动力、照明、围栏设施安全有效，施工（检修）所用的电力传输线和配电设施符合关于电力安装、使用及维修的有关规定。

（7）应视所有现场的电缆或电线为通电状态，维修时应将所有电源全部切断，防止触电伤害情况的发生。桥梁区段接触网的露天检查作业，应严格遵守雨天作业的安全规定。

（8）在密闭或狭小场所检查或作业时，应安排必要的通风设备和照明设备及个人防护用具，以满足施工（检修）作业场地保持一定的通风和照度要求，必要时应准备氧气设备，且事先鉴定空间内是否有沼气等有害气体，以免发生危险。

（9）凡影响轨行区内行车设备正常使用的施工（检修）作业必须告知关联部门，确保程序可靠。

（10）实施爆破作业，在放射、毒害性环境中施工（检修）（含堆放、运输、使用）作业及使用毒害性、腐蚀性物品施工（检修）作业时，安全防护措施应符合相关法规。

（11）地下作业时，应准备必要的防停电设备和措施，以使现场人员在停电时能够迅速而安全地撤离施工（检修）作业现场。

（12）施工时涉及登高、动火等作业，需要施工人员具备特种作业证。

（13）作业人员不得随意将工具、材料放置在施工区域以外，不能坐在危险区域休息。作业人员在作业时不得超越封闭的施工区域，不得嘻闹。

（14）在经过各类施工作业区域中，必须先确认是否可通过，并做好安全防护，再通过此区域。检测跨越桥梁时，应将检查工具、笔记本等物品系好，以免掉落，影响桥下行人和行车的安全。

（15）各类养护维修车辆必须配备带有导向箭指灯排或强光警示灯、封闭交通的标志、标牌等，对不具备全封闭交通条件的时段，必须配备灯牌车或专用封道路障车，作业人员必须在车辆前方作业。

（16）登高作业应持证上岗，按规定做好安全防护措施。作业人员应佩戴安全绳，使用经检验合格的安全登高设施，登高设施应设有防护栏以防人员坠落。

（17）安全设施必须由专人负责安放和撤除。作业完毕时严格按照要求出清，查看物资是否带齐，不得留有任何物料在现场造成安全隐患，出轨时也会对作业人员数量进行清点，以防人员未及时离开造成安全事故。

（18）已完工工作未交付验收之前，负责现场保护工作。

5.3 交通组织设计

桥梁及隧道区间应根据交通要求及桥梁施工规范，安排合理合规的交通组织设计，开展桥下检查与维修，严格落实以下内容：

（1）竖立交通警示牌，实施施工现场隔离。占道施工时，应在现场两头距现场一定距离处（20m左右）竖立交通警示牌，包括导向牌3块，施工指示牌3块，发光箭头牌2块，40km/h限速牌、20km/h限速牌各一块，防撞交通指示车1辆，大量的红白锥型帽和红色警示灯。

（2）施工现场需派专人指挥交通，并在确保安全的情况下迅速将维护设施安放到位。及时提示行人、司机慢行绕避。同时施工场地设置护栏围隔，搭设安全警戒线，禁止无关人员入内。

（3）在施工区域前20m处应停一辆工程车，该车要熄火、拉上手刹、并将挡位挂入1挡。施工维护图如图5-1所示。

(4) 在所有维护设施到位后，派专人用照片形式将当天维护情况记录、保存。

(5) 项目负责人应经常派人检查现场安全措施落实情况，发现违纪苗头及时整改，并保持与交管部门的联系，接受其指导和监督，及时处理现场出现的问题。

(6) 严格执行《车辆驾驶员安全管理制度》，不发生安全事故。

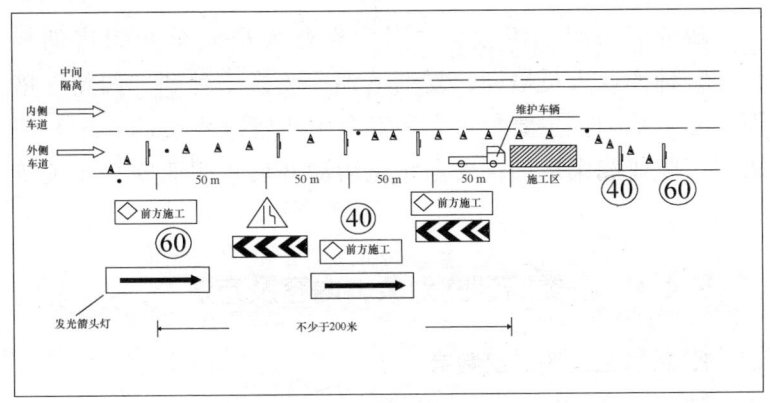

图 5-1 施工维护图

5.4 安全知识培训制度

5.4.1 制度制定目的

安全知识培训是劳动保护工作的重要支柱，是企业员工培训教育中的一个重要环节。通过安全知识培训，可以使员工掌握必要的防灾知识和自保技能，以达到保护劳动者安全和健康及财产不受损失的目的。

5.4.2 制度适用范围

本制度规定了安全知识培训的内容、程序、方式等事项，适用于内部员工的安全培训教育。

5.4.3 安全知识培训内容

新员工入职三级教育；岗位作业人员安全知识培训教育；特种作业人员培训、复训培训；变换工种和"四新"培训；复工培训；主要负责人和安全生产管理人员的安全知识培训；职业健康培训；安全文化活动开展；职业安全相关培训等。

5.4.4 各类培训的对象、内容及方法

1. 新员工入职三级教育

（1）教育对象

新进员工，外来实习、培训人员。

（2）培训内容与方法

新进员工按以下记录卡（表5-2）内容进行三级教育，由教育和受教育者在三级安全知识培训卡上签名。未经三级安全知识培训或考试不合格者不能分配上岗操作。

2. 岗位作业人员安全知识培训

（1）培训对象

各类岗位员工。

表 5-2　新员工入职三级安全知识培训记录卡

编号：

部门名称_____　出生年月_____
姓　　名_____　性　别_____
文化程度_____　身份证号码_____
班　　组_____
家庭住址_____

	三级安全教育内容	教育人	受教育人
公司教育	安全知识培训包括基本知识、法规、法制教育，主要内容是： 1. 党和国家的安全生产方针、政策； 2. 安全生产法规、标准和法制观念； 3. 本单位施工过程及生产规章制度，安全纪律； 4. 本单位安全生产形势及历史上发生的重大事故； 5. 发生事故后如何抢救伤员、排险，保护现场和及时进行报告	签　名： 年　月　日	签　名：
部门教育	进行现场规章制度和遵章守纪教育，主要内容是： 1. 本项目养护特点、养护安全基本知识； 2. 本部门（包括养护、生产现场）安全生产制度、规定及安全注意事项； 3. 本工种的安全技术操作规程； 4. 高处作业、机械设备、电气安全基本知识； 5. 防火、防毒、防尘、防爆知识及紧急情况安全处置和安全疏散知识； 6. 防护用品发放标准及防护用品、用具使用的基本知识	签　名： 年　月　日	签　名：
班组教育	进行本工种岗位安全操作及班组安全制度、纪律教育，主要内容是： 1. 本班组作业特点及安全操作规程； 2. 本班组安全活动制度及纪律； 3. 爱护和正确使用安全防护装置（设施）及个人劳动防护用品； 4. 本岗位易发生事故的不安全因素及其防范对策； 5. 本岗位的作业环境所使用的机械设备工具的安全措施	签　名： 年　月　日	签　名：

（2）培训内容与方法

岗位员工是直接从事一线作业的人员，因此对工作流程和安全的要求更为严格。岗位作业人员安全知识培训是以提高操作岗位人员安全技术能力为目标，主要教育培训内容是：党和国家有关安全生产的方针、政策；安全生产规章制度；相关行业安全标准；岗位安全操作规程；安全技术技能培训等。

主要内容有：

① 安全生产管理基本知识；

② 党和国家有关安全生产的方针、政策；

③ 安全生产规章制度；

④ 岗位基本技能、危险源辨识、危险控制措施、注意事项等；

⑤ 典型事故案例剖析。

（3）教育培训考核

① 岗位员工参加教育培训后，还要参加考试，不合格者不得上岗工作。

② 上岗人员违反安全作业规程，但未造成一定损失的，要求重新参加教育培训。

③ 上岗人员违反安全作业规程并造成一定的损失，不但要重新参加培训，还要给予相应的罚款处理。

3. 特种作业人员培训、复训培训

（1）培训对象

操作工、电工等特种作业人员。

（2）人员条件

① 年满十八周岁，身体健康，无妨碍从事工种作业的疾病和生理缺陷，新担任特种作业人员年龄不超过40周岁；

② 具有初中以上文化程度；

③ 连续从事本工种作业实际工作时间满一年。

未经培训或培训期间（含学徒期）不准单独操作。培训结束，将参加培训人员名单和考试成绩及操作证编号，反馈至各办公室存档。

（3）培训程序与内容

培训程序与内容见表5-3。

第5章 养护安全保证措施

表 5-3 特种作业人员安全培训（复审、复训）标准化作业程序

作业标准 编号与内容		WHY 为何做	WHO 谁做	WHAT 做什么	WHEN 何时做	HOW 如何做
作业审批	1 从事特种作业人员（通知）名单	无证不得上岗操作，应及时外送培训取证	各办公室	通知办公室工种变化及安排情况	变动前	名单（通知）送本办公室
	2 资格认定	按国家有关规定，从事特种作业人员必须符合有关规定	各办公室	对文化程度、年龄及从事本工种时间进行审定，不符合要求的进行调整	外送培训取证前	1. 对年龄、文化程度不符合要求的退回；2. 送卫生部门体检，无禁忌症方可从事工作；3. 对从事本工种时间不够的，重新安排实习
	3 身体健康情况认定	按有关规定确保安全生产	有职业病诊断资质医院	体检，确认无身体禁忌症	外送培训取证前	不符要求予以退回；体检合格者可以外送培训
培训	4 报送市有关部门取证	必须持证上岗	各办公室	及时向市培训考核部门申报	实习期满	组织、落实培训取证员工及时参加市培训考核部门的培训班

续表

作业标准	编号	内容	WHY 为何做	WHO 谁做	WHAT 做什么	WHEN 何时做	HOW 如何做
考试	5	培训		市劳动保护中心、市特监中心、特种作业相关培训机构			
考试	6	考核		市劳动保护中心、市特监中心、特种作业相关培训机构			
考试	7	取证		各办公室	到培训机构取证	接通知后	1. 存档；2. 复印件发所在部门；3. 复印件抄送安全主管部门；4. 复印件发操作人员
现场	8	持证上岗	按有关规定	操作人员	随身携带资格证	作业期间	
复审	9	复审	根据特殊作业证期限	各办公室	特种作业人员的资质确认	根据特殊作业证期限	1. 出具证明并加盖公章；2. 送市劳动保护中心及相关单位复审；3. 登记
复训	10	复训	根据特殊作业证期限	各办公室	复训取证	根据特殊作业证期限	1. 送市劳动保护中心及相关单位复训；2. 登记

4. 变换工种和"四新"培训

(1) 培训对象

员工因工作需要变换工种,或企业在实施新技术、新工艺或使用新设备、新材料时,对有关人员进行相应的、有针对性的安全知识培训。

(2) 培训目的

培训的目的是使其了解新工种和"四新"特点情况,确保安全生产。变换工种者须经班组二级培训后才能上岗。但调做特种作业工种者必须考核合格取得操作证方可上岗。培训率应达到100%。

(3) 培训程序与内容

"四新"和"变工"培训分别按以下档卡(表5-4和表5-5)内容进行,培训后培训者和受培训者应在变换工种培训卡上签名,部门将卡一份反馈各安全生产管理部门、一份本部门存档。

5. 复工培训

(1) 培训对象

工人因病假、事假、探亲等原因离开岗位六个月以上(含六个月)和工伤伤愈上班重新上岗时的安全知识培训,目的是对复工者进行"信心"培训,使其适应生产经营环境,消除思想余波,轻装上岗,确保安全。复工培训须经二级培训后才能上岗。

(2) 培训程序与内容

复工安全知识培训由班组负责人或安全生产管理人员负责,授课时间不少于2h,班组级安全知识培训授课时间不少于1h。复工培训后,培训者和受培训者应在"复工安全知识培训档卡"(表5-6)上签名,培训档卡一份反馈各安全生产领导小组办公室、一份本部门存档,培训率应达100%。

表 5-4 "四新"安全知识培训档卡

单位(盖章):				编号:	
姓 名		性 别		年 龄	
实施何种新的项目					

部门级安全知识培训(由实施新项目的工程技术人员担负):

 1. 应对"四新"项目操作人员从理论上提高认识。所谓"新",就是以前从未采用过的工艺、技术、设备或材料等,对它们的性能、特点等都缺少经验,所以在操作过程中带有一定的试探和危险性,务必要求操作人员从思想上引起高度的重视;

 2. 对具体实施的新项目的特性要介绍清楚;

 3. 对新项目的危险因素(危险源)要介绍清楚,对应急措施要知道;

 4. 要求操作人员在操作中谨慎,发现问题多与有关人员联系。

培训者签名: 受培训者签名: 培训日期: 年 月 日

班组级安全知识培训:

 1. 应对新项目的工艺规程和操作规程组织操作人员进行认真的学习,在没有掌握之前是不能独立操作的;

 2. 对新项目的危险因素(危险源)作进一步介绍,并对应急措施要准备好相应的物质;

 3. 要求操作人员不懂多问,不要盲目操作,发现异常情况,立即向有关人员报告。

培训者签名: 受培训者签名: 培训日期: 年 月 日

备 注:

 1. 关于实施新技术、新工艺、新设备、新材料即"四新"安全知识培训可以采用部门和班组二级培训形式,也可以进行专门培训;

 2. 本卡一式二份,待班组安全知识培训完成后,一份报安全主管部门,一份部门自存。

表 5-5　变换工种安全知识培训档卡

单位（盖章）：　　　　　　　　　　　　　编号：

姓　名		性别		年龄	
变工日期		现工种		原工种	

部门级安全知识培训：

　1. 介绍部门的安全生产状况和规章制度；
　2. 介绍作业场所和工作岗位存在的危险因素、防范措施及事故应急措施；
　3. 选一些典型事故案例进行培训。

培训者签名：　　　受培训者签名：　　　培训日期：　　年　月　日

班组级安全知识培训：

　1. 介绍本班组及生产岗位设备的特点、安全装置正确使用方法；
　2. 介绍本工种安全技术操作规程及安全要求；
　3. 介绍如何正确使用劳动防护用品、用具；
　4. 强调安全生产、文明生产的基本要求；
　5. 对实际安全操作进行示范、辅导；
　6. 指定带班师傅。

培训者签名：　　　受培训者签名：　　　培训日期：　　年　月　日

备　注：

　1. 调换新工作岗位（指一、二线岗位），包括在部门内部调动工作或岗位的人员，应由接受单位进行相应的变换工种安全知识培训；
　2. 变工培训实施部门、班组二级培训，调特种作业者除外（按特种作业人员培训要求进行）；
　3. 本卡一式二份，待实施完成后，报安全主管部门一份，部门自存一份。

表 5-6 复工安全知识培训档卡

单位（盖章）： 编号：

姓 名		性 别		年 龄	
工 种		学 历		歇工天数	
歇工原因或事故原因					

部门级安全知识培训：

  1. 进一步学习国家有关安全生产法律、法规、标准和安全技术方面的基本知识；
  2. 重温企业的安全生产规章制度、本工种安全操作规程；
  3. 帮助分析所发生事故的原因、应吸取的教训及预防措施；
  4. 提出希望和要求。

培训者签名： 受培训者签名： 培训日期： 年 月 日

班组级安全知识培训：

  1. 介绍生产班组生产结构、生产设备的变化情况及应注意的事项；
  2. 学习本工种的安全技术操作规程及安全要求；
  3. 培训职工正确使用劳动防护用品、用具，切莫违章作业；
  4. 吸取事故教训，防止各类事故发生。

培训者签名： 受培训者签名： 培训日期： 年 月 日

备　注：
  1. 复工培训的对象：
  （1）因病假、事假、探亲等离开岗位六个月以上（含六个月）重新上岗的；
  （2）工伤伤愈上班者。
  2. 复工安全知识培训采用部门和班组二级安全知识培训；
  3. 本卡一式二份，待班组级安全知识培训完成后，一份报安全主管部门，部门自存一份。

6. 主要负责人和安全生产管理人员的安全知识培训

（1）培训对象

主要负责人（指董事长或总经理）和安全生产管理人员（指安全主管、安全部门负责人、安全总监、安全员），必须经上级安全生产监督管理部门培训，取得资质证书。

（2）培训程序与内容

主要负责人和安全生产管理人员的再培训的培训工作、程序及内容按上级要求进行，培训率应达100%。

7. 职业健康培训

（1）培训对象

从事有毒有害作业人员、管理人员（安全管理部门和职业卫生管理部门的负责人和有关管理人员），部门负责人、其他接触人员以及相关方人员。

（2）培训程序与内容

学习职业病防治法律、法规、规章和操作规程，普及职业卫生知识，学习正确使用、维护职业病防护设备和个人使用的职业病防护用品，学习预防职业病危害，发现职业病危害事故隐患及时报告。

（3）教育培训考核

① 新上岗从事有毒有害作业人员要进行培训考试，不合格者不得上岗；

② 在岗从事有毒有害作业人员要定期进行培训考核，不合格者要重新接受培训；

③ 违反规章制度、未正确使用安全防护用品，不但要接受再培训，还要进行罚款处理。

8. 安全文化活动开展

（1）参与对象

企业全体在职员工。

（2）主要活动内容

① 每月，各子下属各部门对本部门职工进行安全知识培训，及时传达安全工作会议制定的安全目标；

② 每季度末，对各部门的安全工作进行评比，适当奖励优秀部门的负责人和员工；

③ 每年 6 月份，定为本单位安全生产月，进行一系列的安全文化宣传活动，如：悬挂宣传横幅，制作宣传海报，观看典型事故案例分析，安全意识宣讲等；

④ 每年底，组织各级管理人员，对本年度的安全文化建设活动进行绩效评估，对效果不好的活动及时查找原因，并加以改进。

9. 职业安全相关培训

（1）培训对象

全员参与安全生产培训与考核，考核合格者方能进行相应工作。

（2）培训程序与内容

严格执行相关规定，定期安排人员培训及复试，并登记造册，与岗位作业人员安全知识培训教育同步开展。

5.5　文明施工措施

文明施工是涉及人民群众切身利益的大事，是企业取信于民、在民众中树立良好形象的大事，同时施工的文明程度也体现了一个地区精神文明建设的状况。在现代高速发展的城市，文明施工就尤为重要了，如在文明施工方面掉以轻心，造成的损失和影响是难以弥补的。应严格按照建设工程安全文明施工的相关规定要求，实施标准化施工，确保做好"便民、利民"工作。

5.5.1 组织管理措施

（1）建立文明施工管理小组。

（2）建立岗位责任制，把文明施工责任落到实处，提高全体管理运营、施工人员文明服务、文明养护的自觉性和责任性。

（3）制定控制中心的规范服务标准，规范服务、树立形象，强化管理创建文明行业，做到仪容整齐、语言标化。

（4）制定养护计划同时，必须制定文明施工的具体要求，编制切实可行的施工组织设计。加强对员工的文明施工教育，经常组织学习有关文明施工条例及相关常识，讲职业道德、扬行业新风。

5.5.2 现场管理措施

（1）针对养护工作特点，严格按照作业时间、方案要求和发出的指令进行施工作业，办理相关手续，并组织相关工作。

（2）桥梁段养护作业，坚持通过各种形式的社会告知，作业时养护区域与非养护区域间用安全设施标准隔离，并规范布置警告区、警示灯牌及安全行车、敬请市民谅解等宣传标牌。

（3）养护施工以"二通三无五必须"为文明施工准则，保证乘客和车辆的安全。

（4）现场作业人员按规定统一着装，不穿拖鞋、不赤膊，坚持"七不规范"，养护作业时不大声喧哗，严格禁止随意处置养护垃圾。

（5）在施工现场必须听从属地管理部门和监管人员的安

排,严禁违规操作。

(6) 施工作业过程中,保障其他设备设施不受影响,在有专业部门配合的情况下方可施工。

(7) 制定养护方案时必须考虑环境保护及市容市貌,施工作业过程中,必须遵循各项规章制度,运营期间的施工不得影响车站正常的运营,施工现场须保持整洁。

(8) 施工现场每天做到工完、料净、场地清,妥善存放工具材料,保证人员、工具清和设备正常。项目部定期进行检查、考核落实情况。

(9) 加强对施工养护机械的维修保养,减少机械噪声,不使用噪声超标的机具设备,不使用降尘装置失效的机具设备,严格控制施工养护时的灰尘,减轻施工对外界的影响。

(10) 做到材料、机具的规范堆放。施工结束后,及时回收剩余材料,存放到项目部仓库集中,加强施工废料外运和建筑材料进场过程,不得在车站堆放物料。

(11) 已完工工作未交付验收之前,应做好现场保护工作。

(12) 施工现场及基地配备急救药品,做好季节性防病卫生宣传工作。

(13) 保证办公室和作业基地等场所的内部环境清洁卫生,办公室、宿舍实行卫生值日制,宿舍内工具、工作服、鞋等定点集中堆放,做到无痰迹、无烟头纸屑等。

5.5.3 内业管理措施

(1) 根据行业、文明服务要求,各办公室布置环境整洁、设施齐全,内业资料、文档资料放置有条不紊。

(2) 及时做好养护作业、文明施工等内业资料包括声像资料的收集、整理和归档工作,保证资料的规范性、及时性、准确性、可靠性和完整性。

（3）定期进行文明养护作业检查，发现问题及时整改，并做好记录，对不文明的、野蛮养护的行为严肃处罚。

第 6 章 信息化管理措施

信息化管理不仅包括轨道交通自身结构健康监测系统的信息化管理,还包括了设施从设计到竣工、从投入运营到结束运营期间的各种资料、文档、图纸、数据等的信息化管理。

6.1 资料管理的总体要求

档案资料管理是养护管理的基础工作,是一项极其重要的内容,发生于信息、计划、实施、巡检、验收、统计、汇总、结算等环节。应按以下要求建立档案资料,做到全面、正确、及时、清晰。

(1) 建立统计巡检及日常维修台账。

(2) 做好对结构技术档案资料的补充和完善工作。

(3) 建立和健全巡检及日常维修的技术资料管理。

(4) 对历年维修和施工原始记录、竣工图表以及竣工验收报告进行及时统计、归档。

(5) 建立数据库管理系统,逐步实行电子化、数据化、利用多媒体技术,建立信息管理系统,以使达到数据共享、使用方便,全面实行信息化管理平台,使之成为数据信息中心。

6.2　主要资料目录

（1）设计图、竣工图、变更图等结构基础技术资料。

（2）日常性检查、定期检测、特殊检测资料。

（3）维修工记录（重要的维修内容、日期、产品、部位等应记录详尽）及跟踪回访情况。

（4）项目改造资料。

（5）新设备、新材料、新技术、新工艺技术方案及运用情况。

6.3　信息分析保存

对于各种信息，要善于分析、汇总和保存，应将采集到的设施状况的有关数据、各类信息，运用计算机进行科学管理。通过输入数据库，使用专用 GIS 管理系统，分析病害产生的原因，匹配有效、先进、经济的技术措施解决，为制定合理的养护维修计划，决策最佳养护维修方案提供科学依据。

6.4　档案资料管理要求

（1）按内部管理需要建立有关养护台账、汇总有关报表。

（2）各种基础资料均应汇总成册、分类存档、资料齐全，做好原始资料积累，努力提高养护管理水平。

6.5 数据库管理要求

实施结构管理系统的信息采样工作,做好对主体设施及其附属设施的经常性、及时性、周期性和预防性的观测,建立各类数据库,实行病害监控。信息数据库可从以下几方面着手建立。

(1) 运行信息:动态信息包括设施的检查、检测、受损、维修等信息;静态信息包括构造物的形状、面积、长度等基础信息。

(2) 技术信息:设备、材料、技术、工艺等信息。

(3) 气象信息:有关雨、雪、雾、风、冰冻等信息。

(4) 交通信息:交通、客运流量等信息。

(5) 国内外科技信息。

参考文献

[1] 中华人民共和国住房和城乡建设部.CJJ 99—2017.城市桥梁养护技术标准[S].北京：中国建筑工业出版社，2017.

[2] 中华人民共和国住房和城乡建设部.CJJ 36—2016.城镇道路养护技术规范[S].北京：中国建筑工业出版社，2017.

[3] 北京市质量技术监督局.DB11/T 718—2016.城市轨道交通设施养护维修技术规范[S].

[4] 交通运输部公路科学研究院.JTG/T J21—2011.城市桥梁承载能力检测评定规程[S].北京：人民交通出版社，2011.

[5] 王云江，张海东.桥梁工程养护维修与管理[M].北京：化学工业出版，2014.

[6] 沈国红.上海轨道交通11号线盾构隧道损坏调查及修复[J].中国市政工程，2010（5）.

[7] 李治国.隧道岩溶处理技术[J].铁道标准设计，2003（增刊）.